膳食模式研究丛书

北京市初中学生
食物消费模式研究

王秀丽　著

中国农业出版社

北　京

C目录
Contents

第一章 导 论

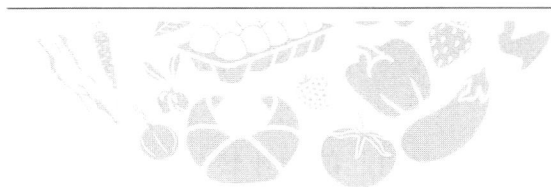

一、更强壮与全面发展：变迁中的青少年健康观念

健康是人类最朴素、最执着的追求。人们对什么是健康的观念是基于社会经济发展基础上的产物。健康观念的变迁，不仅是文化观念的变迁，更有着深刻的现实发展意义，它一经形成，不仅指导人们的消费行为选择，也承载着追求美好生活的意向。

21 世纪的头十年，中国的崛起令世界瞩目，经济保持稳定高速增长，跃升为全球第二大经济实体，并缩小与美国的差距。经济状况得到改善后的居民开始注重自己及家人的健康，特别是儿童，受到前所未有的关注。而这关注背后，是时代政策与文化的流变。自 20 世纪 80 年代开始，中国在 20 年后迎来了人口再生产类型的转变，从高出生率、低死亡率、高增长率的"两高一低"过渡型转变为低出生率、低死亡率、低增长率的现代型，人口增长呈现下降态势，"四二一"成为主流的家庭结构。独生子女这"一"家庭核心，他们的饮食起居、生长发育、学习问题成为家长和全社会关注的重点。

社会的进步不仅改变居民健康消费观念的走向，亦推动着中国居民健康观念的革新与进步。"不能输在起跑线"的内卷，身体是革命的本钱，健康作为一种工具性的存在，是个体劳动力再生产的重要条件，家长对青少年健康的关注力度达到历史的高值，对健康的投入类似于对生产资料的投资，看重收益与回报。高大强壮，作为富有的意向与健康的价值认同，深入人心。富态也有了审美与努力的身体指向，被赋予了更多经济与文化色彩。

社会的发展以及由此引起的职业转变，"健康"被赋予了前所未有的丰富含义，人们的健康观念也进一步改善，对身体健康的追求已经不仅仅是不得病的状态，强壮已经不再是身体健康的唯一指标，个人的形象管理也属健康的必有之意，对营养元素的补充更具计划性与针对性。孩子的厌食、挑食、钙质和青春期问题等都开始受到重视，补充营养成为孩子喂养中的必需一环。

《中国居民营养与慢性病状况报告（2015）》指出，2012年，儿童青少年生长迟缓率和消瘦率分别为3.2%和9.0%，比2002年降低3.1和4.4个百分点，6～17岁儿童青少年身高、体重增幅更为显著，超重肥胖问题凸显。超重率为9.6%，肥胖率为6.4%，分别比2002年上升了5.1和4.3个百分点。人们开始意识到，富余与健康的非线性关系，许多疾病不是由于缺乏营养造成的，而是因为营养过剩的原因。健康不在于盲目进补，均衡才是真健康，此时期的健康观念，呈现出"多元化"的特点，逐渐摒弃"一味补充，越多越好"的过犹不及的盲目进补，转向"补充不足，营养均衡"。《"健康中国2030"规划纲要》的发布，全面健康风潮兴起，身体健康的重要意义再度彰显，居民健康观念又一次升级与飞跃。食物消费演变为一种对现有健康资产的维护，以及对未来幸福的长远投资，可能不会带来短期收益，却饱含着对美好生活的期许与愿景。健康是生命之基、幸福之源，居民健康观念发生了较大转变，食物消费进入"关注日常调理强基础吃出健康人生"的新阶段。

二、青少年食物消费模式正在改变

相比难以测量的隐形食物消费观念来说，消费行为、消费结构等显性变量，成为大部分学者用来测量与描绘食物消费模式的变迁轨迹。

对于食物消费模式，国内外尚无统一明确的权威界定，在测量方法上也没有一致性或具有代表性的量表，在国外的研究中，使用饮食模式（eating patterns）、食物食用模式（patterns in food use）、食物摄取模式（food intake patterns）、食物消费模式（food eating patterns）等不同的词来表达类似实物消费模式的概念。梳理其研究内容，可以看出，食物消费模式通常指的是一类人群的食物消费数量、种类和结构，包括餐次摄入比例结构与各种食物种类摄入比例结构。

青少年正值生长发育的重要阶段，需要丰富均衡的营养摄取，因此该时期的食物消费模式也特别值得重视。尤其是一些健康的食物营养的摄取量及结构是否均衡，比如三餐是否定时、吃洋快餐速食食品的频率，吃零食点心喝饮料的状况等。

大多数食物消费模式研究均指出，中国居民的食物消费模式正从主要以植物性食物为主向动物性食物占比逐渐提高、动物性与植物性食物并重的模式转变。对青少年而言，洋快餐、零食、饮料的消费频次，以及在食物消费中的占比，也常常受到关注。近年来，外食就餐与点外卖，也逐渐在青少年的食物消费中占据越来越高的比例。

研究者通过调研，运用科学的统计方法，对儿童青少年食物消费模式进行研究，得出儿童青少年食物消费的 4 种模式。第一种是以大米和蔬菜等为主要食物的南方模式。第二种是以甜点和奶类等为主要食物，命名为现代模式。第三种是以猪肉和水产类等为主要食物，命名为肉类模式。第四种是以薯类和其他谷类等为主要食物的素食模式。南方模式和素食模式在青少年的食物消费中呈现下降趋势，反之，现代模式和肉类模式呈现上升趋势。而且，即使在南方儿童青少年中，南方食物消费模式也呈现快速下降的趋势。现代食物消费模式则随着年龄的增长而越来越流行，在 12～17 岁青少年中的流行程度高于 6～11 岁儿童；同时在城市儿童青少年中的流行程度高于农村。对于肉类食物模式，12～17岁青少年得分上升速度高于 6～11 岁儿童，南方儿童青少年得分上升速度高于北方，农村儿童青少年得分上升速度高于城市。对于素食模式，12～17 岁青少年得分下降速度高于 6～11 岁儿童，北方儿童青少年得分下降速度高于南方，农村儿童青少年得分下降速度高于城市。

我国正处于食物营养消费行为急剧变迁中，儿童青少年的膳食模式也正发生转变，从以谷类、蔬菜和薯类为主的传统模式逐渐向以甜点、快餐、动物性食物等为主的西方模式转变。这种转变改善了儿童青少年的营养状况，使得儿童青少年的生长迟缓率和消瘦率呈现下降趋势。但同时，肉食、甜食与快餐在食物消费中的增加，也使得儿童青少年超重率和肥胖率逐年增加。南方食物消费模式和素食食物消费模式是我国儿童青少年传统的膳食模式，其特点是摄入较多的植物性食物，较少的脂肪和蛋白质，膳食纤维摄入量高，一些维生素与矿物质摄入不足，容易引起营养缺乏症状。虽然谷薯类食物仍是我国儿童青少年的主食，但由于谷薯类和蔬菜类食物摄入量的下降，南方食物消费模式和素食食物消费模式呈现弱化趋势。

随着经济社会的发展，家庭收入增加，居民购买力增强，同时，现代商品体系为居民购买食物提供了更多的便利，现代物流体系的建立，使得外卖食物更加频繁地进入儿童青少年的食物消费结构中。因此，儿童青少年在食物消费选择上有了更多的自由。有数据表明，我国儿童青少年的肉类、奶类、碳酸饮料和快餐消费均出现了不同程度的增长。现代食物消费模式和肉类食物消费模式在儿童青少年中逐渐流行。现代食物消费模式和肉类食物消费模式是欧美等西方国家儿童青少年常见的膳食模式，其特点是摄入较多的高能量密度、高脂肪和低膳食纤维食物，如甜点、糖果、加工肉类、含糖饮料、全脂奶和快餐食品等。以西方模式为主的饮食习惯是儿童青少年超重和肥胖的一个重要危险因素。鉴于此，我国儿童青少年食物消费模式的转变，在明显改善儿童青少年营养健康状况的同时，也导致超重肥胖问题的凸显，另外，营养不足、微量营养素缺乏仍然存在。

三、青少年食物消费问题亟须研究

《中国居民营养与慢性病状况报告（2020 年）》显示，我国居民不健康生活方式仍然普遍存在，慢性病患病、发病呈上升趋势。18 岁以上居民超重肥胖率超过 50%，$6\sim17$ 岁儿童青少年超重肥胖率接近 20%，生长迟缓率为 2.2%，贫血率为 6.1%（图 1-1）。对儿童青少年身体素质下滑的警示无独有偶，《我国青少年体质健康发展报告》也指出，四分之一的城市男生是"胖墩"，低体重男女生分别占 38.88% 和 35.89%。总体来看，儿童青少年的超重肥胖问题更加凸显，低体重现象继续存在，呈现典型的"双峰现象"。

肥胖通常是导致高脂血症、2 型糖尿病、脂肪肝、高血压、心血管疾病和癌症等疾病的高危因素。饮食与超重肥胖的关系密不

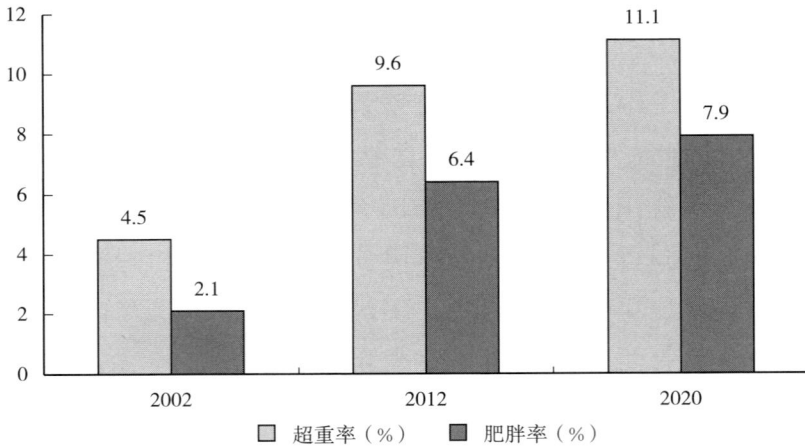

图 1-1　2002—2020 年中国 6～17 岁儿童青少年超重肥胖率变化

可分。近年来，富营养与营养不均造成的慢性病高发状态，成为人们健康的主要障碍。2019 年，国际权威医学杂志《柳叶刀》论文指出，中风、缺血性心脏病、恶性肿瘤分居十大死因的前三位，这些疾病被证实均与饮食形态有关。

　　健康是一个人全面发展的基础，是一个国家和民族繁荣昌盛的重要标志，是国家可持续发展能力的重要体现。习近平总书记多次强调身体健康的重要性，指出"要做身体健康的民族"，并把"面向人民生命健康"作为科技事业发展坚持的"四个面向"之一。这为进一步深化、具体化健康中国建设的实施路径指明了方向。少年强则国强，青少年是祖国的未来，拥有广大身心健康、体魄强健、意志坚强、充满活力的儿童青少年，是一个民族旺盛生命力的体现，是国家综合实力的基础。儿童青少年时期是体格和智力发育的"黄金时期"，也是行为和生活方式发展和形成的重要阶段。个体的饮食行为在这个时期发展和形成，并会延续到成年，持续一生。

　　饮食与健康的关系密不可分，饮食既是导致健康问题的主要因素，也是解决健康问题的重要钥匙。饮食行为不仅可以影响儿童青少年目前的健康，而且还会影响到他们成年时甚至终身。因此，研究儿童青少年的食物消费状况，引导培养其健康饮食行为，对促进其一生的健康幸福发展，对推动健康中国建设和民族复兴均有着重要意义。

本研究以北京市初中学生为研究对象，对青少年膳食模式进行深入研究，试图概括性地找出其饮食形态类型及其显著特征，并进一步探讨不同饮食形态持有者的特质以及影响因素，为了解该年龄阶段青少年的饮食状况，制定干预政策计划提供实证材料和数据支撑。

参考文献

国家卫生和计划生育委员会，2016. 中国居民营养与慢性病状况报告（2015 年）［EB/OL］.（2016 - 03 - 23）. https：//www. chinanutri. cn/xxzy/xxzydybgsj/201603/t20160323_128007. html.

中国共产党中央委员会，中华人民共和国国务院，2016. "健康中国 2030" 规划纲要.［EB/OL］.（2016 - 10 - 25）. http：//www. gov. cn/zhengce/2016 - 10/25/content_5124174. html.

JEW S，ANTOINE J M，BOURLIOUX P，et al，2015. Nutrient essentiality revisited ［J］. Journal of Functional Foods，14：203 - 209.

BOWEN K J，SULLIVAN V K，KRIS - ETHERTON P M，et al，2018. Nutrition and cardiovascular disease an update ［J］. Current Atherosclerosis Reports，20 (2)：8.

VENTURA A K，WOROBEY J，2013. Early influences on the development of food preferences ［J］. Current Biology：CB，23 (9)：401 - 408.

BIRCH L L，1999. Development of food preferences. ［J］. Annual Review of Nutrition，19 (1)：41 - 62.

RUSSELL C G，WORSLEY A，2013. Why don't they like that? And can I do anything about it? The nature and correlates of parents' attributions and self-efficacy beliefs about preschool children's food preferences [J]. Appetite, 66: 34 – 43.

SCAGLIONI S, DE COSMI V, CIAPPOLINO V, et al, 2018. Factors influencing children's eating behaviours [J]. Nutrients, 10 (6): 706.

ZHOU M G, WANG H D, ZENG X Y, et al, 2019. Mortality, morbidity, and risk factors in China and its provinces, 1990 – 2017: a systematic analysis for the Global Burden of Disease Study 2017 [J]. Lancet (London, England), 394 (10204): 1145 – 1158.

第二章　全食物消费实践研究转向

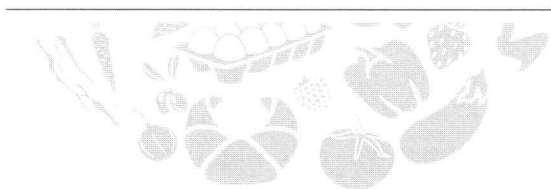

一、迈向精耕的青少年食物消费研究

处于身心快速发展阶段的青少年的食物消费行为和生长发育状况历来为广大研究者的关注焦点。我国青少年不良食物消费行为普遍存在，由此产生的健康问题日益凸显，营养不良和营养过剩同时并存。为进一步研究青少年食物消费模式的建构逻辑和引导策略析出空间，对青少年食物消费相关研究文献进行梳理分析，以全面了解对青少年的食物消费情况，明确其食物消费模式的特点，并理解其建构逻辑，厘清影响青少年食物消费模式的影响因素。

立足中国知网（www.cnki.net）收录的数据库，采用靶向检索法（Khangura 等，2012；Tricco 等，2015）爬梳相关文献，对以往研究北京市初中学生食物消费特征、影响因素以及采取的干预措施及效果的文献进行系统探讨。文献纳入的标准是初中学生"食物消费"这一主题，包括研究者公开发表的期刊论文、会议论文、记者及相关人员针对初中学生食物消费问题做出的评议文章和报道。由于本研究主要关注的群体是北京市初中学生，因而搜索文献仅限于中文出版物。在研究领域方面，设置环境科学、生态学、商业经济学、社会学、社会科学其他主题、行为科学、心理学、社会行为问题、食品科学和技术以及人类学，这些领域或多或少会有涉及探讨消费者食物消费行为的话题。此外，为捕捉不同时期的研究，在此次文献检索中，不限制文献发表日期。

文献检索使用的检索词主要包括两个方面，与事件有关的主题词包括"食物消费""饮食消费""膳食模式""饮料消费""零食消费"，人群限定主题词包括"儿童""中学生""中小学生""初中生"等组合，同一层次的检索词使用中国知网数据库中的布尔运算符"或"，层次之间使用"和"。这是因为初中生的年龄一般处于12～15岁，这个时期从年龄范畴来看，属于青少年群体，有时也被划分为大龄儿童中，更多时候，研究者基于研究抽样方便，也常常把中学生与小学生混合在一起，称为"中小学生"。

通过上述检索设置，并使用中国知网的"引文"功能挖掘，共检索出811篇论文，对首次检索出论文的标题和摘要进行细读，筛选出212篇该年龄段"饮食行为"相关的文献，然后根据地域、文章类型等特征进行全文审查，决定是否纳入本研究范围。其中，地域特征采用包括而非专属，研究中涉及北京市的即包括其中：北京与其他地区的比较研究，或者包括北京在内的多地研究，以及没有说明特定地区的全国研究。对同时出现在不同期刊、会议汇编等载体的文献，做只保留其中一篇的处理。通过上述层层审查，筛选出集中在北京市初中学生的食物消费行为特征和影响因素上的期刊论文和会议论文27篇，作为最终的文献分析样本。表2-1概述了文献检索与筛选步骤与结果。

表 2-1 北京市初中学生食物消费文献检索与筛选步骤与结果

步骤 1：中国知网搜索 "食物消费""饮食""膳食模式"加上以下术语的组合："儿童""中学生""中小学生""初中生""青少年"，然后搜索引用每一篇论文的参考列表和论文。时间段不设限。	⇨	检索出 811 项相关结果，其中 587 项为学术期刊文章，138 项为学位论文，42 项为会议论文，13 项报刊文章和 3 项成果。
步骤 2：范围摘要审查 对 811 项成果的摘要进行了研究内容和研究人群年龄段范围检视，如果包括初中学生这一人群，则予以保留。	⇨	212 篇文章的研究主题和针对年龄落入此范围。
步骤 3：仔细阅读和分析 对 212 篇文章进行了仔细阅读和分析，以确定：①针对北京市初中学生的食物消费研究；②是否有完整内容；③是否具有研究设计和数据；④是否提出干预措施或政策建议；⑤对同时出现在不同期刊、会议汇编等载体的文献，做只保留其中一篇的处理。	⇨	筛选出针对北京市初中学生食物消费相关研究的期刊论文和会议论文 27 篇，作为本研究分析的样本。其中有 22 篇文献通过抽样调查的方法采集数据进行研究。

　　为了从每项研究中提取相关信息，进行了数据提取工作，包括一般信息（标题、作者、文献出版细节）、研究特点以及关于主题的具体信息和注释。围绕关键概念和定义，运用定性分析程序对所有论文进行了全面分析，并在最详细的信息级别进行编码。在分析研究的主要结果时，还对中学生食物消费特征和影响因素变量进行了编码。这些代码相互比较，并将其组织为青少年食物消费特征与行为障碍，以及具有相似含义或代表相似特征的类别。接下来，对中学生食物消费的主要特征、影响因素和干预建议进行描述和讨论。

　　文献检索出 25 篇有关北京市初中学生食物消费方面的研究论文，这些文章在 1998—2021 年间发表在 16 种期刊或会议论文集上。从 20 世纪末开始，随着中国经济社会的急剧变迁，饮食文化的国际交流影响，伴随而来的是人们膳食结构的改变，食物消费带来的健康问题凸显，受到了研究者的关注。从图 2-1 中可以看出，从 20 世纪末期，我国科研人员就开始了对北京市初中学生这一群体食物消费情况进行探索研究，论文发表零星出现。2005 年，中国疾病预防控制中心儿少/学校卫生中心（挂靠北京大学儿童青少年卫生研究所）组织 18 个省（自治区、直辖市）相关部门，开展了"中国城市青少年健康相关/危险行为调查"，不健康的食物消费被纳入青少年危险行为中被调查研究，这对北京市初中学生食物消费行为的研究起到了极大的推动作用，出现了初中学生食物消费量化研究的文章数量的高峰。研究比较零星，缺乏跟踪性系统研究。

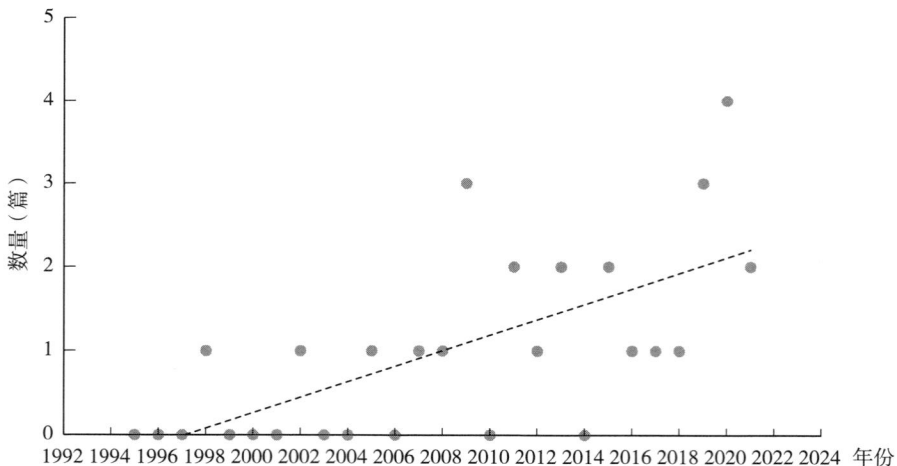

图 2-1　中学生食物消费论文发表相关年份

自此以后，北京市初中学生食物消费研究在区县地域范围上有了显著扩大，涵盖了北京市所有区县，并对东城区、西城区、海淀区、朝阳区、昌平区、顺义区、石景山区与房山区初中学生进行了专门研究，也有研究比较了不同年份北京市初中学生食物消费变化，北京市城乡以及北京市与其他省区初中生食物消费的差异。从研究文献刊出的杂志来看，大部分研究散见于保健营养、疾病预防、职业健康等杂志，《中国学校卫生》发文量占到36％，形成了中学生食物消费研究的阵地（图2-2）。

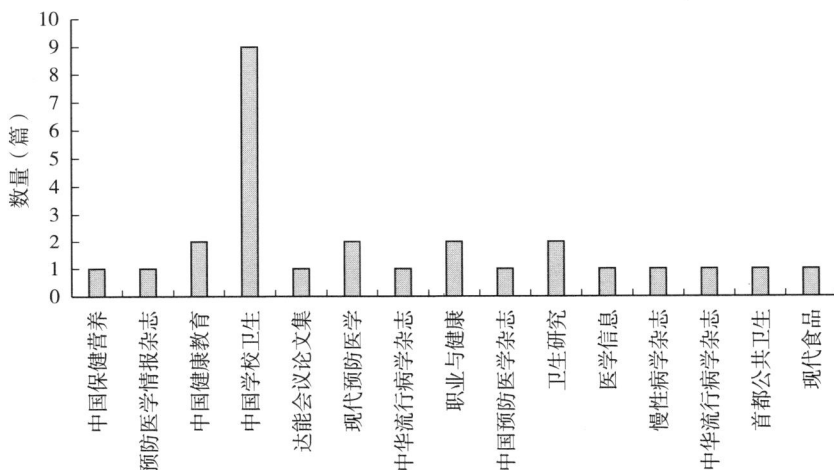

图2-2　中学生食物消费论文发表杂志

研究文献中，有22篇文献采用了抽样调查的数据收集方法，占81.5％。选择抽样方法中，采用分层、随机、整群、分层等两种或两种以上混合抽样的占65％。对象仅涉及北京市中小学生的研究有17篇（其余为包括北京市但不仅限于北京市），样本规模从240人到13 846人不等，除《北京市2013年中小学生饮食行为状况》研究的样本规模过万之外，其余16篇的样本平均规模为1 818人（图2-3）。

调研工具主要是问卷，其中有8项研究明确指出使用的是中国疾控中心发起的"中国城市青少年健康相关/危险行为调查"的数据采集工具——"中国青少年健康相关行为调查问卷"（或其本地化修订问卷）；也有部分研究采用了地区性"中国中小学生营养与健康状况监测数据"，没有注明问卷来源和注明自设问卷的占40%，有一项研究通过体格检查收集学生发育和健康数据。分析方法方面，多为统计描述，仅有两篇文献用了 Logistic 回归和因子分析对数据进行统计研究。研究仍较粗浅，缺乏深入挖掘。

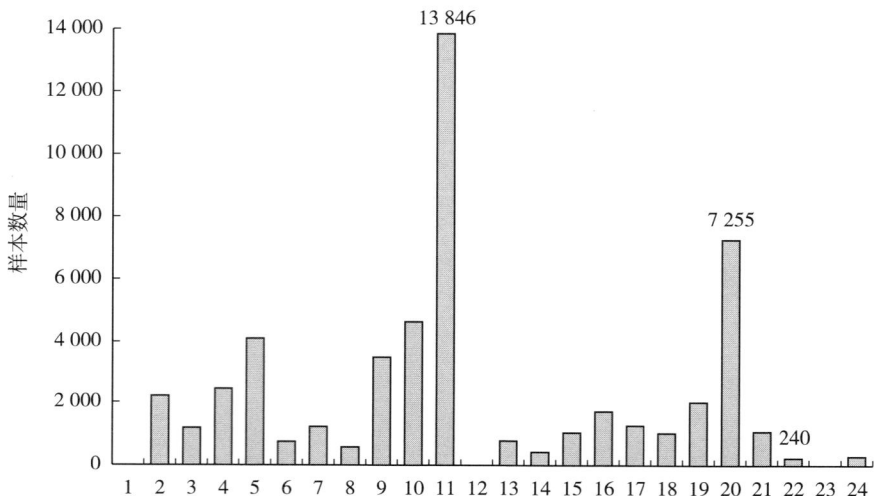

图 2-3　北京市初中学生食物消费研究样本规模

　　研究结果表明，食物消费越来越引起学者的兴趣，对北京市初中学生食物消费进行分析的研究虽然有所增加，但仍然较少。运用定性分析软件对文献内容进行分析，显示出文献主要就初中学生的食物消费、身体发育与健康情况、影响因素以及干预措施四个主题进行了探讨，具体结构见图 2-4。

　　接下来，分别对初中学生食物消费、身体发育和健康情况、影响因素和干预措施及建议进行描述和讨论。

　　为了解初中学生的饮食行为和食物营养认知水平，提供政府指定干预和改善措施的科学依据，研究者对初中学生食物消费状况的研究主要集中在消费种类和数量、消费场所、消费行为习惯和食物营养认识水平等层次。随着"食物多样，饮食平衡"膳食

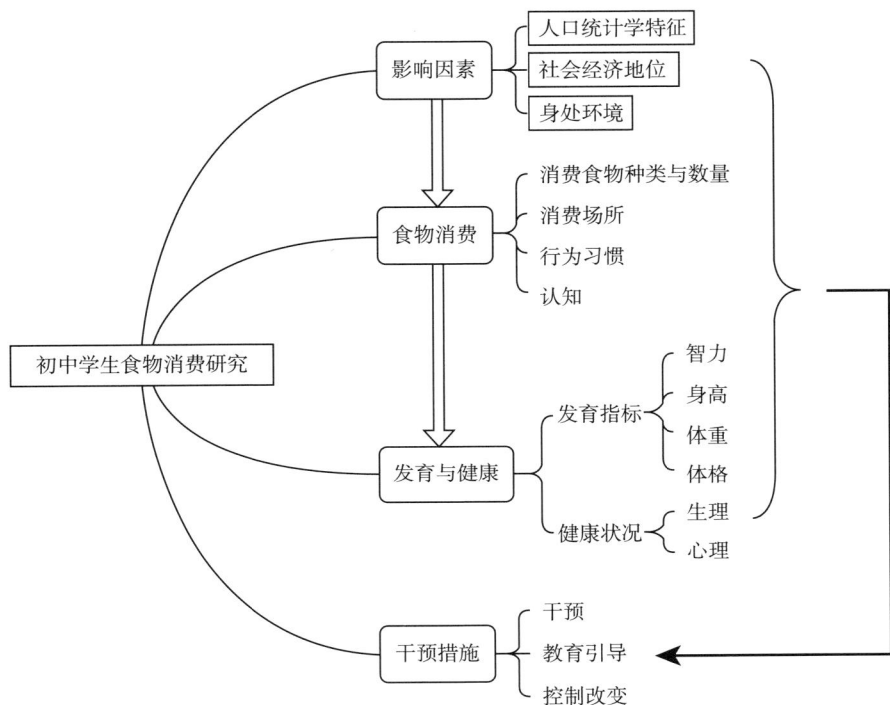

图 2-4　北京市初中学生食物消费研究文献的内容结构

指南的不断普及，青少年消费食物的种类受到了极大关注，在食物消费种类和数量中，主要关注牛奶、蔬菜、水果、蛋类、肉类、豆类等日常食用的食物，以及饮料、油炸食品等广受诟病的食物。研究者普遍认为，初中学生的奶类、蛋类、豆类、蔬菜和水果等食物消费大多达不到膳食推荐量的要求（李珊珊等，2008），初中生每天吃新鲜水果、蔬菜和每天吃早餐、喝一杯牛奶等健康饮食行为的报告率分别为 53.2%、80.0%、71.4%、30.7%（刘天军，2013），并且 9.3% 的中小学生基本不饮奶，11.5% 的中小学生基本不吃豆类（刘峥等，2017）。对于肉类有些研究认为超量（刘峥等，2017），有些则认为尚未达标（张崛等，2015）。

　　早餐食用情况是研究者关注度最高的问题，44% 的文献专门针对该指标进行了研究，认为初中生食用早餐很不理想，仅从是否食用来看，能坚持每日均吃早餐的不足六成（勉丽娜等，2015；张崛等，2015），且 16.40％的学生报告早餐常吃不饱（沈艳辉，2019）。对不同年份的对比发现，随着时间的推移，不吃早餐的人数占比有上升趋势，且高年级吃早餐率低于低年级，城区低于郊区（喻颖杰，2020）。不吃早餐的主要原因主要为不饿或不想吃、没有足够的时间（黄丽巧等，2009）。一项对吃早餐学生的就餐地点的研究表明，70％是在食摊或街边小店就餐（陈桂花，1998）。

喝饮料、吃甜点、油炸食品、西式快餐等被当作不良饮食习惯，调研数据显示，约有五分之一的学生每天喝饮料，三分之一的学生每天吃甜点。随着对快餐食品、油炸食品健康风险的宣传普及，吃油炸食品、吃快餐、吃路边摊的占比回落，在 7％～10％，但学生有偏食习惯的占 41.49％（苏虹等，2011）。无独有偶，高荷蕊等人的研究显示，过去 7 天中，每天至少 1 次或以上吃甜点的学生占 26.66％，每天至少 1 次或以上吃油炸食品的占比为 11.07％，偏食报告率为 40.31％（高荷蕊等，2012）。不良饮食行为在中小学生中普遍存在，75.21％的中学生存在不良饮食行为（施淑燕，2020），有零食和饮料消费行为的学生比例分别为 98.14％和 98.23％（潘香香等，2021），喜欢非健康类零食的比例为 64.16％（施淑燕，2020）。

在中央厉行节约，反对浪费的倡导下，青少年食物消费中的浪费现象作为一种不良饮食行为，受到研究者的关注。2015 年，张崛等对昌平区中小学生的研究中，首次对剩饭现象进行了调研，数据显示，有 64.8％的学生有剩饭剩菜现象，造成这种现象的原因主要是挑食（张崛，2015）；王焕英等对朝阳区中小学生的饮食调研中，也反映出剩饭现象不容乐观（王焕英等，2019）；东城区的数据为 67.3％（焦欣然，2020）。珍惜粮食、反对浪费的广泛宣传和推动，对改观中小学生的剩饭现象，效果非常有限，该群体的剩饭问题，仍需深入研究。

营养素养是个人获取、处理及理解食物和营养的基本信息，以及运用这些信息作出正确的健康决策的能力。营养素养不仅包括营养知识，还包括营养相关的技能和行为。具备营养素养需要知道食物来源、有能力选择和准备健康的食物，并采取符合膳食指南的饮食行为。人体的营养素养对其食物选择和消费行为，及健康成长十分重要，提高青少年营养素养的重要程度不亚于甚至超过智力教育。目前北京市青少年的营养素养仍需提高，北京市初中学生对营养知识的知晓率比较低。2013 年，申同洋等的研究指出，中小学生对 15 个油盐摄入健康知识知晓率均较低（申同洋等，2013）；2018 年，沈艳辉等研究者对北京市 4 区县中小学生的调研数据显示，仅有 1.5％的中小学生具有较高营养素养（沈艳辉等，2018）。2020 年，焦欣然等的调研数据显示，有 22％的学生有够用的营养知识（焦欣然等，2020）；学生在选择零食时，首先考虑口味（85.4％），其次考虑卫生（82.2％）和营养（70.6％）（张崛等，2015）（图 2-5）。几乎所有研究均指出，中小学生的营养知识水平不高、不全面。电视是中小学生获得营养知识的主要途径，电脑网络对中学生的营养知识有一定影响。

身体发育与健康状况是青少年食物消费研究的另一项主题。2008 年，李珊珊等进行的"全国五城市不同营养状况儿童青少年饮食行为调查分析"指出，超重率最高的城市为北京，且男生超重率高于女生。2019 年，赵芳芳等对北京市顺义区的调研数据显示，本区中小学生的超重肥胖率 35.53％，男生为 42.66％，高于女生 28.87％（赵芳芳等，2019）。沈艳辉等根据 2017 年北京市中

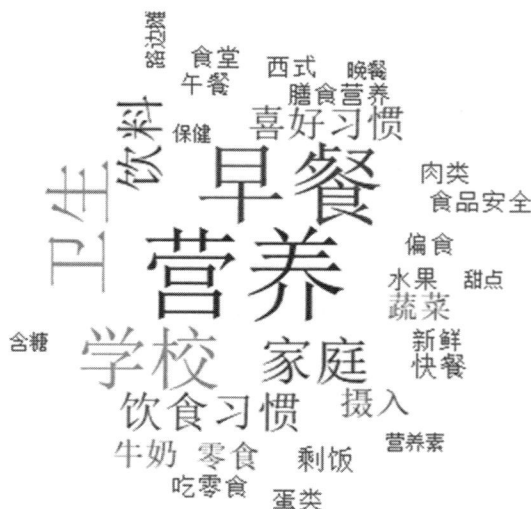

图 2-5　北京市初中学生食物消费行为关注点词云

小学生的调研数据得出，北京市中小学生的肥胖率为 12.76%，消瘦率为 13.39%，男生肥胖率高于女生，乡郊肥胖率高于城区。也有研究进一步讨论了发育状况对身体、心理和认知等方面健康可能带来的风险（徐宛玲等，2007）。

对影响北京市青少年食物消费模式的因素，研究者主要关注了食堂、家庭和其他等就餐地点，青少年的性别、年龄等人口统计学特征，食育经历、食物认知的知识素养，家长学历、工作和家庭收入等标识社会经济地位的特征等。

赵芳芳等对北京市顺义区中小学生饮食行为与体重相关分析显示，男性比女性更容易肥胖，吃早餐比不吃早餐更可能保持正常体重，从而得出性别是危险因素，吃早餐是保护因素（赵芳芳等，2019）；性别因素对体重有统计学意义上的相关性的影响，在研究中屡见不鲜，沈艳辉等的研究也持同样的观点（沈艳辉，2018）；潘香香的研究认为，男生在冰淇淋、甜食、膨化食品和果汁上的选择比例均较女生少，但选择功能性饮料和碳酸饮料的比例比女生多，且具有显著性差异（潘香香，2021）。焦欣然等的研究指出，学生食物营养知识水平是导致其不健康饮食行为和习惯的主要原因（焦欣然等，2020）；而女生对健康食物的正确辨识率要高于男生（申同洋，2013）。电视是青少年获得营养知识的主要途径，电脑、手机、网络的影响日趋重要（朱淑萍，2011）。

　　社会经济地位方面，研究认为不同家庭特征下儿童青少年的饮食行为存在差异（史欣然，2020）。城市化水平较低的地区和低收入家庭青少年不吃早餐的占比相对较高，对健康的影响显著；但城市化水平较高地区和高收入家庭青少年在外就餐比例较高，也同样影响其健康发展（王惠君等，2016）；家庭类型、父亲职业、母亲学历等对饮食行为均有影响（高荷蕊，2012；苏虹，2011），但母亲文化程度是学生饮食健康程度的一个重要影响变量，一般母亲文化程度与学生不健康饮食行为成反向关系，但母亲文化程度的这种影响会随着学生年龄的增长而消弭（刘天军，2013）（图2-6）。

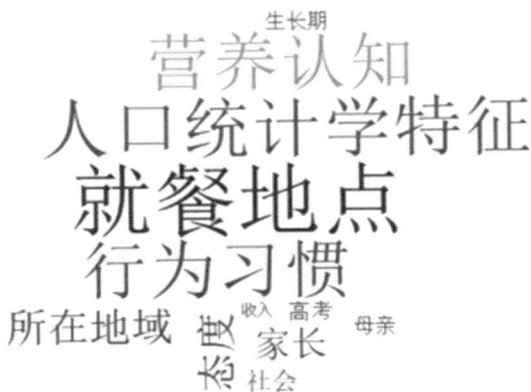

图2-6　影响北京市初中学生食物消费行为的主要因素词云

　　研究和分析问题是为了解决问题，对北京市青少年食物消费的研究，目的在于了解其营养知识和行为的变化情况，分析其变化趋势，为有关部门制定学生食物消费改善相关政策提供数据借鉴和科学依据，提高北京市中小学生营养知识水平、促进其健康成长。

针对调研中显示的问题，研究者给出了相关的改善措施和治理建议，归纳起来，主要有三点。一是重视家庭的健康饮食教育和影响，家长应摒弃"吃得越多，长得越结实""孩子胖点不要紧"等传统观念，加强对孩子的健康饮食示范，充分发挥家庭教育的作用，率先垂范注重健康饮食，少吃或不吃油炸食品、高脂高糖食品，形成科学合理的膳食模式。二是加强营养和健康知识宣教。根据学生特点，加强食物营养健康知识教育，特别是油盐、饮料、反式脂肪酸等知识的科普和教育，提高学生的食物营养知识素养，树立健康营养的意识，自觉培养良好的饮食行为；加强学校食堂、送餐公司和家庭的平衡膳食知识的健康教育，开展社会、家庭和学校全方位的食物消费健康促进工作。三是加强学生营养干预和作息制度管理。开展有效的营养干预，营造良好的环境和氛围，对青少年喜食零食、偏食挑食、爱吃油炸食品、高热高脂和烧烤食品等进行积极干预，提高学生的早餐就餐率，促进膳食营养均衡。要特别重视社会经济地位较低和多子女家庭的孩子保护饮食行为的建立，纠正社会经济地位较高家庭孩子的风险饮食行为。同时借鉴国外先进经验，建立试点，进行营养干预，改变饮食行为，并总结经验进行推广。帮助其养成良好的饮食习惯，促进身心健康成长。

对初中学生食物消费模式研究的根本目的是实现食物生产供给与人的健康发展的相互促进，最终达到食物健康消费和资源环境可持续发展的目标。围绕这一目标研究者从各自研究领域对初中学生群体食物消费行为进行了积极的探索和研究。本文通过对北京市初中学生食物消费学术文献的回顾，概括了以往研究中对初中学生食物消费的现状、问题、原因、健康发育影响，以及干预措施和改善建议的探讨。

作为备受关注的话题，初中学生的食物消费是一种复杂的社会现象，对这一现象的研究不仅有助于了解其食物消费现状、不良行为、影响因素、认知素养等，而且能够帮助研究者从深层次研究食物消费背后的文化传统、社会背景、制度弊病以及资源环境代价，同时为倡导健康、文明的消费理念，建立长效、可持续的食物营养干预机制和模式提供科学依据。

食物消费研究是一项跨学科的综合性研究命题，需要从经济学、行为学、心理学、社会学、文化人类学、资源科学等多个视角，采用多学科研究方法进行交叉研究。基于现有的研究基础和实际需求，对北京市初中学生的食物消费研究，需要采用实证研究方法，对食物消费进行定量测度和模式判别，是食物消费研究不可或缺的部分，也是北京市初中学生食物消费研究目前亟须加强的研究领域。从食物营养生产-加工-营养-消费一体化的视角进行检视，探索食物的健康消费模式及其保障措施，则是北京市初中学生食物浪费研究的政策出口。

二、生态位的食物消费模式分析

人们越来越认识到，饮食模式对人类健康至关重要，特别是对于预防和发展慢性疾病，如心血管疾病（如心脏病和中风）、癌症、慢性呼吸系统疾病（如慢性阻塞性肺病和哮喘）和糖尿病。人们的饮食模式是在生物、社会和环境因素的影响下形成的，而食物模式在一生中也不断发生变化，其中，食物偏好是食物选择的关键决定因素，进而决定饮食模式，因此也是饮食质量的关键决定因素。

生态系统理论指出，人类行为取决于不同环境因素和个人特征的相互作用，如遗传、性别和年龄等。个体的食物选择行为受制于其所处的由家庭、业缘群体、社区、社会、媒体、食物供应等共同组成的生态位，并在此基础上逐渐形成相对稳定的食物消费模式。儿童时期形成的饮食行为在一生中持续存在，其影响包括挑剔偏食和饮食多样性。虽然很难直接改变饮食行为，但健康的引导可能是预防儿童不健康饮食模式的干预措施，并会达成抑制超重肥胖与一些慢性病的良好目标。

青少年儿童的生态系统包括家庭社会经济地位、生活方式、小区环境、同侪群体、学缘关系、媒体传播、食物本身的特点以及相关政策与食物供应资源环境等影响。父母为孩子提供食物环境和饮食体验，孩子们以父母的饮食行为、生活方式、饮食相关态度以及对身体形象的满意或不满意为榜样；同侪群体与学缘关系在青少年时期的影响力逐渐加强，社会公共卫生发展水平，以及对健康的主流话语，宏观食物体系的生产供给政策安排与资源环境等于无形中时刻塑形他们的食物消费模式。由此可见，青少年的食物消费模式是由个人特征与社会环境共同组成的生态位来决定的，且这一生态系统的多样性和复杂性在一生中不断反复，进而进一步促使食物消费模式逐渐调整。在这个意义上，青少年的食物消费模式，既受制于多种客观因素，同时又具有能动性的引导调整空间。

综上所述，影响食物消费模式的生态系统主要由个体特征层次、社会关系层次、自然与环境层次、宏观制度环境层次组成。其中，个体特征层次包括个人年龄、健康状况、认知水平、偏好、行为和动机；社会关系层次包括家庭、朋友、家庭社会网络、学校和学习工作场景；自然与环境层次包括食物与服务分配、市场、媒体、社区等设置；宏观制度环境层次包括公共政策、经济系统、健康体系、文化信仰、规范与氛围（图2-7）。

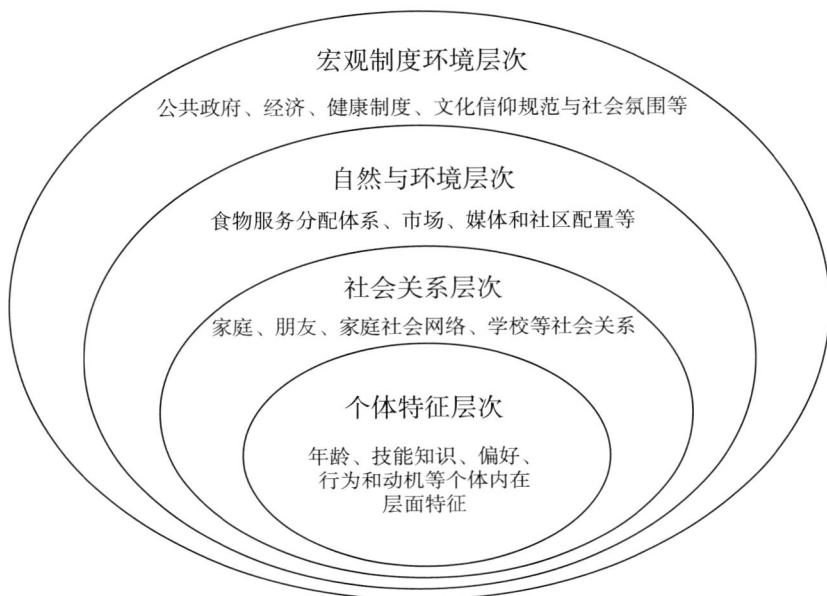

图 2-7　影响食物消费模式的生态系统

三、研究框架

本研究应用食物消费模式生态位系统理论，借鉴已有的关于中学生食物消费研究成果，选择青少年的个体特征与外部环境两个方面，研究影响青少年食物消费模式的决定机制。个体特征方面：主要包括年龄、技能知识、偏好、行为和动机等的内在层面，以家庭、朋友、家庭社会网络、学校等组成的个体社会关系层面。外部环境也可分为两个层面：以食物服务分配体系、市场、媒体和社区配置等组成的地理社会环境，以公共政策、经济制度、健康制度、文化信仰规范等构成的宏观层面的制度环境。

在个人的内在特征层面，许多研究探讨了"性别""年龄""认知水平"与食物消费的关系，发现青少年男女生在正餐与零食的消费上均有差异，并认为女生的食物消费中存在的问题高于男生。无论男女，食物消费行为中存在的偏差问题均会随着时间的推移而逐渐改进，也就是说，随着年龄的增加，食物消费行为中的问题会逐渐得以纠正，从而"树大自然直"，走向健康的食物消费模式。认知水平方面，研究指出，食物营养知识与信念能够预测食物消费行为，特别是在最健康的与最不健康的食物，如水果、蔬菜、优质蛋白与洋快餐、零食等的摄取上。健康信念和动机等心理因素，也与不同种类食物的消费选择显著相关，健康动机与信念越强烈，越倾向选择消费蔬菜、水果等健康食物，并遵循食物多样、膳食均衡的健康饮食原则。

个体的人际关系与社会网络层面，研究指出父母、兄弟姐妹与家庭社会经济地位对食物选择有重要的影响，青少年的食物选择偏好受父母影响，并为其所处的社会经济环境条件所制约。一般父母受教育水平较高者，社会经济地位较高者，其选择消费健康食物的概率较高。同侪群体的研究中，一般指出随着年龄的增加，个体食物消费受同侪群体的影响越来越大。但由于食物消费具有自小的生成性与延续性，也有研究指出，相对于父母，同侪群体的影响有限。对于兄弟姐妹影响的研究较少，可能原因在于当前的初中学生大部分还是人口政策调整之前的独生子女，兄弟姐妹的缺失使得这方面的影响没有受到关注。

影响青少年食物消费的外部环境中，"食物的可及性""卫生""新鲜"是经常被谈论的因子，在针对洋快餐与路边摊小吃的研究中，认为"快速""卫生"等"便利性"与"时间限制"也是促使青少年选择食用此类食物的主要原因。学校是否供应营养午餐，学校是否有零食贩售设置等，也在某种程度上能够影响青少年的食物可及性。媒体常常被作为青少年食物营养资讯来源的主要渠道被考虑，对之的态度，褒贬均有。

一个地区的经济发展状况，食物供应制度，宏观的卫生政策，整体的食物营养与卫生环境，文化信仰与规范等，也影响青少年的食物消费，如所在学校是否开设食育相关课程，是否有食堂，午餐是集中供餐还是各自解决，有无"食堂必须配备营养师"以及每名营养师覆盖学生范围要求上层制度安排等。这中间，食育也往往被作为认知的一个部分来进行分析。统一供餐还是各自解决，以往有关于住校与走读对学生食物消费与营养摄取的讨论；就统一供餐，也分多种情况，有些学校受制于场地或其他原因，往往采取午餐外送的社会化服务机制，这可能为保障卫生安全与食物的新鲜性，在食材的选取方面会做出取舍。即使食堂现制供应，也因自助、配餐与份饭自选等多种模式，导致学生在食物消费选择方面千差万别，对目标身材与体质的判断，代表了社会的文化信仰与规范。

本研究根据生态位理论中概念操作化程度与相应指标数据的可获得性，对青少年食物消费的影响因素的选择，个体特征层次，选取性别、年龄、认知水平、健康行为等几个变量，其中认知水平与健康行为又是通过多个问题获取信息；在人际社会关系网络层面，选择父母受教育水平、家庭年收入、所在地区、每周零花钱规模等来测量；自然与环境层次，选取物价、食物安全性与可获得性对食物选择偏好的影响程度等变量，每周快餐消费次数、消费量，饮料消费次数，零食消费情况以及食物营养资讯来源等。宏观制度环境中，选取了学校食堂体制安排、学生的健康审美、地区的经济发展等变量。由此形成本研究的分析框架见图 2-8。

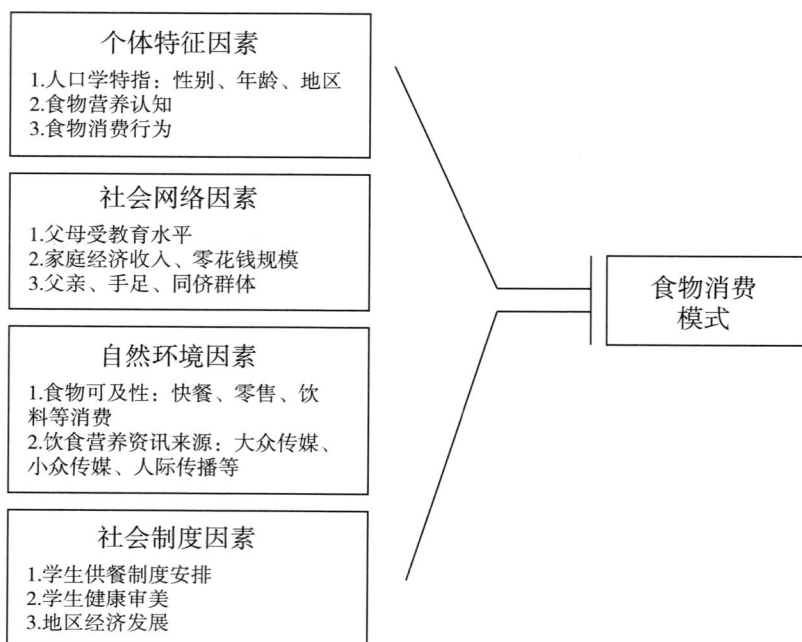

图 2-8　影响食物消费模式的生态系统

四、研究方法

（一）数据来源

本研究所使用的数据主要通过"北京市初中生全食物消费调查"采集而来，该调查分两部分，第一部分为问卷调查，采用二阶分层整群抽样方法抽取样本填答。第一阶段将北京市的初中学校按所在区域分为城区与郊县两类，从每一类学校中抽取1～2个学校，鉴于样本规模考虑，两类学校中共抽取到3所样本学校，其中市区2所，郊县1所。第二阶段从城区两所样本学校中的初一、初二、初三年级中分别随机抽取4个班，从郊县样本学校初一、初二、初三年级中随机抽取8个班，共48个样本班级，然后采取整群抽样的方法，把所有样本班级中的学生全部纳入调研对象。通过上述方法，共抽取调研学生样本 1 897 人，回收问卷 1 554 份，剔除信息填写不完整的问卷，不符合预设被调研者特征的样本以及部分极端值样本，最终有效问卷为 1 202 份，有效率达 77.35%。在有效样本中，女性占 42.8%，男性占 57.2%，城区样本占 44.0%，郊县样本占 56.0%。具体样本情况见表 2-2。

表 2-2　北京市初中学生全食物消费调研样本情况

			地区		总计
			市区	郊县	
性别	女	计数	297	218	515
		占比（%）	57.7	42.3	42.8
	男	计数	232	455	687
		占比（%）	33.8	66.2	57.2
总计		计数	529	673	1202
		地区占比（%）	44.0	56.0	100.0

（二）变量说明

本研究所使用的变量包括初中生人口学特征、身体状况（包括自感状况与客观状况）、学业表现与社会经济地位等基本信息，3 天全食物消费记录和食物频率表、食物营养认知与饮食偏好等。基本信息包括个人性别、出生年月、自评体态特征、身高、体重，以及由此计算出的 BMI 值等身体信息；是否为班干部或学科代表等表示的学业情况；社会经济地位包括就学地区、父母受教育程度、每周零花钱、食品支出与家庭收入等。全食物消费记录了调研对象 3 天所食用的所有食物，包括主食、果蔬、零食、饮料等除水、调味品和药品之外的所有入口食物，并依据食物消费情况计算出调研对象每日的食物消费种类，以及每类食物的消费占比，由此得出调研对象的食物消费结构。食物营养认知与饮食偏好包括调研对象的食物营养选择偏好、信息来源以及对不同渠道信息的信任度等。变量设定说明见表 2-3。

表 2-3　变量设定说明

变量	取值	量　值
地区	1~2	1=城区；1=郊县
性别	0~1	0=女；1=男
年级	1~3	1=初一；2=初二；3=初三
出生年月	—	数值
身高	—	数值
体重	—	数值
BMI	1~4	1=过轻（低于 18.5）；2=正常（18.5~23.9）；3=过重（24~27）；4=肥胖（28 及以上）
自评体重	1~4	1=过轻；2=正常；3=过重；4=肥胖
关注哪方面健康	1~10	1=身高，2=体重，3=视力，4=智力，5=少生病，6=心理健康，7=力量，8=性别特征，9=没特别关注，10=其他
是否为班干部	1~3	1=是；2=否；3=其他
是否为课代表	1~3	1=是；2=否；3=其他
每周零花钱	—	数值
食品支出	—	数值
每周早餐食用次数	1~8	1=每天吃，2=吃 6 天，3=吃 5 天，4=吃 4 天，5=吃 3 天，6=吃 2 天，7=吃 1 天，8=每天都不吃
每周快餐食用次数	1~4	1=小于 1 次，2=1~2 次，3=3~4 次，4=大于等于 5 次
每周饮奶次数	1~5	1=7 次以上，2=4~5 次，3=2~3 次，4=1~2 次，5=1 次以下
每周食用鸡蛋数	1~5	1=7 个以上，2=4~5 个，3=2~3 个，4=1~2 个，5=1 个以下
有无补充营养剂或食用营养强化食品	1~3	1=有；2=无；3=不清楚
有无特意增高	1~3	1=有；2=无；3=不清楚
有无特意减重	1~3	1=有；2=无；3=不清楚

（续）

变量	取值	量 值
食物消费种类	—	11 类食物，其他
食物消费数量	—	数值
食物消费频率	—	数值
食用零食种类数	—	数值
零食偏好	—	13 类零食，其他
食用零食原因	1～7	1＝充饥；2＝受别人影响；3＝打发时间；4＝减压；5＝口味好；6＝习惯；7＝其他
有无偏食	1～2	1＝无，0＝有
对食物特征的关注点	1～10	1＝卫生；2＝味道；3＝新鲜；4＝方便；5＝营养；6＝价格；7＝习惯；8＝品牌；9＝产地；10＝其他
购买食品关注信息	1～8	1＝营养标签；2＝添加剂；3＝生产日期；4＝原料配料；5＝产地；6＝美观；7＝品牌；8＝其他
食物营养与功效信息渠道	1～7	1＝食物包装；2＝超市、餐厅等公共场合的张贴画；3＝抖音、微信、快手等网络平台；4＝营养专家、医生；5＝家长、朋友等；6＝课堂；7＝其他
父亲受教育程度	1～5	1＝初中及以下；2＝高中、职校、技校、中专及同等学力；3＝本科、大专及同等学力；4＝硕士研究生；5＝博士研究生
母亲受教育程度	1～5	1＝初中及以下；2＝高中、职校、技校、中专及同等学力；3＝本科、大专及同等学力；4＝硕士研究生；5＝博士研究生
家庭收入	1～8	1＝低于 20 万元；2＝20 万～40 万元；3＝41 万～60 万元；4＝61 万～80 万元；5＝81 万～100 万元；6＝101 万～200 万元；7＝201 万～500 万元；8＝500 万元以上

（三）研究假设

借鉴已有的关于中学生食物消费研究成果，结合调查问卷获取的数据，本文将影响调研对象健康状况的因素确定为个体特征和外部环境两个方面，个体特征又分为两个层面，包括年龄、技能知识、偏好、行为和动机等的内在层面，与以家庭、朋友、家庭社会网络、学校等组成的个体社会关系层面。外部环境也可分为两个层面，以食物服务分配体系、市场、媒体和社区配置等组成的地理社会环境，以公共政策、经济制度、健康制度、文化信仰规范等构成的宏观层面的制度环境。本研究的基本假设为：个体特征影响食物营养认知，消费认知影响消费模式，进而影响客观体态特征与主观体态判断。同时食物消费模式受其所处的社会网络、食物环境和制度体系的影响，具有较高社会经济地位的初中学生，其食物营养认知水平相对较高，食物选择偏好和行为更显示出亲健康倾向，食物消费模式更趋于健康，利于发展出相对客观的体态认知。

外部环境层面的特征变量包括食物价格、安全性与可获得性等。根据微观经济学原理，对于一般商品而言，价格越低，购买者的购买量越大，价格越高，则购买量越小。具体到本研究，可以假设学生对食物价格的敏感性与其消费行为成反相关。在食物可得性方面，考虑学校、家庭及其周围的食物供给环境，国家关于中学生供餐相关制度等，认为越是方便的食物，初中学生越是倾向于消费；越是政策鼓励的食物，初中学生消费的越频繁或者消费量越大。

（四）研究方法

在所有变量中，调研对象的身高、体重、体态等为本研究的第一层次因变量，对食物消费种类、结构等计算分析得出的食物消费模式，为本研究的第二层次因变量。对变量之间的转换，新生变量的赋值计算，变量之间的影响关系等，本研究主要采取以下方法来生成与分析。

1. 体质指数。 本文采用目前国际通用的体质指数（BMI）以及《中国居民膳食指南（2016）》中不同年龄段对应的 BMI 标准来评价调研对象的体态状况。BMI＝体重/身高^2（其中，体重以千克

为单位，身高以米为单位）。中国 13～17 岁儿童青少年营养状况的
BMI 标准见表 2-4。

表 2-4　中国 13～17 岁儿童青少年营养状况的 BMI 标准

年龄（岁）	男　生				女　生			
	消瘦	正常	超重	肥胖	消瘦	正常	超重	肥胖
13	≤15.9	16.0～21.8	21.9～25.6	≥25.7	≤15.3	15.4～22.5	22.6～25.5	≥25.6
14	≤16.4	16.5～22.5	22.6～26.3	≥26.4	≤16.0	16.1～22.9	23.0～26.2	≥26.3
15	≤16.9	17.0～23.0	23.1～26.8	≥26.9	≤16.6	16.7～23.3	23.4～26.8	≥26.9
16	≤17.3	17.4～23.4	23.5～27.3	≥27.4	≤17.0	17.1～23.6	23.7～27.3	≥27.4
17	≤17.7	17.8～23.7	23.8～27.7	≥27.8	≤17.2	17.3～23.7	23.8～27.6	≥27.7

2. 单变量统计。 为了解各变量的分布情况，针对北京市初中学生食物消费的各种情况，以百分率、平均值与标准差来呈现，对于不同人群之间的比较，采用独立样本 T 检验来进行。

3. 因子分析。 由于食物类别较多，本文应用因子分析以减少食物类别。具体而言，采用斜交变换进行旋转，利用特征值碎石图，观察明显的拐点并确认保留的因子数，利用因子分析结果所提供的因子及其因子得分建立新的数据库，用于随后的食物消费模型的分析。

4. 聚类分析。 由于本研究的样本量较大，因此，采用聚类分析分两步进行。首先，在利用因子分析得到的新数据库中随机选取 1% 的样本进行分层聚类分析，以确定类数和初始聚类中心。随后，使用所确定类数和初始聚类中心，对整体样本人群采用 K 均值聚类分析方法进行分析，得到最后的分类结果。

5. Logistic 模型分析。 本研究中，因变量初中学生的食物消费模式（Y_1）为具有多个水平的分类变量，Logistic 模型是解决该类问题较为适合的模型。进行多分类的 Logistic 回归时可以产生 $n-1$ 个广义 Logit 模型。参照水平 R 的阳性概率记为 π_R，第 k 个水平

$(k=1，2，\cdots，n)$ 的阳性概率分别为 p_k，则有 $p_1+p_2+\cdots+p_n=1$。自变量 x 有 m 个，第 k 个水平第 i 个自变量 $\chi_i(i=1，2，\cdots，m)$ 系数为 β_{ki}。

$$\ln\left(\frac{p_k}{p_R}\right)=a_k+\beta_{ki}\chi_i，\ k=1，2，\cdots，n-1$$

对于因变量初中学生的食物消费模式为因子分析结果的 4 个水平（第 4 水平为参照水平），自变量有 m 个，模型可表示为：

$$\ln\left(\frac{p_1}{p_4}\right)=a_1+(\beta_{11}\chi_1+\beta_{12}\chi_2+\cdots+\beta_{1m}\chi_m)$$

$$\ln\left(\frac{p_2}{p_4}\right)=a_2+(\beta_{21}\chi_1+\beta_{22}\chi_2+\cdots+\beta_{2m}\chi_m)$$

$$\ln\left(\frac{p_3}{p_4}\right)=a_3+(\beta_{31}\chi_1+\beta_{32}\chi_2+\cdots+\beta_{3m}\chi_m)$$

$p_1+p_2+p_3+p_4=1$，如希望比较第一种模式和第二种模式，可以将相应的两个公式相减即可得到相应的函数，同理可以比较第二种和第三种，或者第三种和第四种。也可以直接参照第四种进行比较。

由于 $p_1+p_2+p_3+p_4=1$，可由概率模型（1）表示：

$$\text{probit}(Y=1)=\text{probit}(y>u) \qquad (1)$$

其中：$\qquad y=\beta_0+\beta_1\chi_1+\beta_2\chi_2+\cdots+\beta_p\chi_p \qquad (2)$

式（1）中，Y 为效应变量，y 为潜在的效用水平变量，u 为效用水平。这里假定初中生的食物消费模式是由一个潜在的效用水平变量 y 决定，在效用水平 u 下，初中学生食物消费模式呈现出倾向第一种模式端，在效用水平 u 上，初中学生食物消费模式呈现出倾向第四种模式端。式（2）中，β_0 为常数项，β_1，β_2，$\cdots$，β_p 为回归系数，χ_1，χ_2，$\cdots$，χ_p 是自变量，即个人特征因素变量（包括年龄、技能知识、偏好、行为和动机等个体内在层面特征），社会网络层面因素变量（包括家庭、朋友、家庭社会网络、学校等组成的个体社会关系层面特征等），地理社会环境外部变量（包括食物服务分配体系、市场、媒体和社区配置等组成的地理社会环境），宏观制度环境变量（包括公共政策、经济制度、健康制度、文化信仰规范等构成的宏观层面的制度因素）。

当概率模型（1）采用逻辑概率分布函数形式时，则有以下 Logistic 回归模型：

$$p=\frac{\exp\ (\beta_0+\beta_1\chi_1+\beta_2\chi_2+\cdots+\beta_p\chi_p)}{1+\exp\ (\beta_0+\beta_1\chi_1+\beta_2\chi_2+\cdots+\beta_p\chi_p)} \tag{3}$$

式（3）中，β_0 为常数项，β_1，β_2，$\cdots$，β_p 为 Logistic 模型回归系数，对自变量 $\chi_j (j=1，2，\cdots，p)$ 任意取值，$\beta_0+\beta_1\chi_1+\beta_2\chi_2+\cdots+\beta_p\chi_p$ 在 $-\infty$ 到 $+\infty$ 变化时，p 总在 $0\sim1$ 之间变化。

将模型（3）进行 Logit 变换，Logistic 回归模型可以变成以下线性形式：

$$\ln\left(\frac{p\ (Y=1)}{1-p\ (Y=1)}\right)=\beta_0+\beta_1\chi_1+\beta_2\chi_2+\cdots+\beta_p\chi_p \tag{4}$$

式（4）中，因变量为初中学生的食物消费模式，其取值为第一种模式记作 1，第二种模式记作 2，第三种模式记作 3，第四种模式记作 4，χ_1，χ_2，$\cdots$，χ_p 即上述 p 个自变量，每一个自变量又包括数量不等的选项。

注：数据分析使用 SPSS 22.0 软件。

参考文献

陈桂花，于瑞梅，1998. 中学生饮食行为调查报告 [J]. 中国保健营养（8）：10.

高荷蕊，史平，王丹，2012. 北京市石景山区中学生饮食行为状况分析 [J]. 中国学校卫生，33（1）：15-18.

郭志刚，2001. 社会统计分析方法——SPSS 软件应用 [M]. 北京：中国人民大学出版社.

国家卫生和计划生育委员会，2020. 中国居民营养与慢性病状况报告（2020 年）［EB/ OL］. http：//www. scio. gov. cn/xwfbh/xwbfbh/wqfbh/42311/44583/wz44585/Document/1695276/1695276. htm? flag＝1. 2020.

国家卫生健康委员会，国家卫生健康委办公厅，2020. 儿童青少年肥胖防控实施方案 ［EB/OL］. http：//www. nhc. gov. cn.

黄丽巧，季成叶，张琳，2009. 北京与河北城市中学生饮食行为比较［J］. 中国学校卫 生，30（7）：582－584.

焦欣然，勉丽娜，陈辉，等，2020. 2017 年北京市东城区中小学生营养知识及饮食行为 现状［J］. 首都公共卫生，14（1）：43－47.

李珊珊，王海俊，马军，等，2008. 全国五城市不同营养状况儿童青少年饮食行为调查 分析［A］//中国疾病预防控制中心达能营养中心. 膳食营养、身体活动与健康—— 达能营养中心第十一次学术年会会议论文集［C］. 中国疾病预防控制中心达能营养中 心：中国疾病预防控制中心达能营养中心.

刘天军，2013. 北京市房山区初中生与高中生饮食行为比较［J］. 职业与健康，29（5）： 523－525.

刘峥，郭欣，符筠，2017. 北京市 2013 年中小学生饮食行为状况［J］. 中国学校卫生， 38（5）：745－748.

马冠生，2005. 儿童少年的饮食行为及影响因素［J］. 中国健康教育（5）：337－340.

勉丽娜，苏凤华，2015. 2013 年北京市东城区（南）中小学生饮食行为及营养素摄入现 状［J］. 职业与健康，31（11）：1520－1522.

潘香香，吕金昌，陈东宛，等，2021. 北京市部分初中生零食和饮料的消费行为及影响 因素［J］. 卫生研究，50（1）：133－137.

申同洋，马迎华，张普洪，等，2013. 北京市西城区中小学生油盐知识及饮食行为［J］. 中国学校卫生，34（8）：932－933，936.

沈艳辉，江初，曲雪琪，等，2018. 北京市 4 区县中小学生营养与饮食行为状况［J］. 中 国学校卫生，39（6）：847－850.

沈艳辉，姜秀春，孟毅，等，2019. 2017 年北京市中小学生营养状况及饮食行为分析 ［J］. 现代预防医学，46（1）：40－43，57.

施淑燕，龚艳彬，柴巍中，2020. 北京市中学生不良饮食行为现状及其影响因素研究 ［J］. 中国健康教育，36（5）：418－422.

史欣然，陈天娇，马军，2020. 儿童青少年饮食行为模式的家庭影响因素分析［J］. 中华 流行病学杂志，41（8）：1291－1295.

苏虹，单晓伟，2011. 中小学生饮食行为现状及其影响因素研究进展 [J]. 中华流行病学杂志（8）：751 - 755.

王焕英，巴蕾，2019. 北京市朝阳区 579 名中小学生营养知识和饮食行为调查 [J]. 慢性病学杂志，20（3）：343 - 346.

王惠君，张兵，2016. 关于中国儿童青少年饮食行为的队列研究 [J]. 卫生研究，45（6）：867.

徐宛玲，王建国，王凤枝，2007. 单纯性肥胖青少年营养知识态度与饮食行为研究 [J]. 中国学校卫生（9）：792 - 793.

严志玲，2011. 儿童青少年肥胖影响因素探讨 [J]. 中国学校卫生，32（10）：1278 - 1280.

喻颖杰，郭丹丹，余晓辉，等，2020. 北京市中小学生 2015 和 2017 年营养知识与早餐行为变化 [J]. 中国学校卫生，41（7）：1081 - 1084.

岳嘉，2013. 全国首个中小学食堂健康指导准则公布——中小学食堂须配备营养师 [J]. 基础教育论坛（17）：7.

张崛，崔永强，黄艳丽，等，2015. 北京市昌平区 2013 年中小学生饮食行为现况调查 [J]. 中国预防医学杂志，16（7）：534 - 540.

赵芳芳，甄国新，赵瑞兰，等，2019. 北京市顺义区中小学生饮食行为与超重肥胖的相关性分析 [J]. 医学信息，32（9）：138 - 139.

朱淑萍，丁越江，鲁向锋，等，2011. 北京海淀区中小学生营养知识、态度及饮食行为调查 [J]. 现代预防医学，38（21）：4378 - 4380.

Anthrologica，Unilever，World Food Programme（WFP），2018. Bridging the Gap：Engaging Adolescents for Nutrition，Health and Sustainable Development [M]. Rome：World Food Programme.

BANNA J，BUCHTHAL O V，DELORMIER T，et al，2015. Influences on eating：a qualitative study of adolescents in a periurban area in Lima，Peru [J]. BMC Public Health，16（1）.

BARQUERA S，BARRERA L H，ROTHENBERG S J，et al，2018. The obesogenic environment around elementary schools：food and beverage marketing to children in two Mexican cities [J]. BMC Public Health，18（1）：461.

BARRERA L H，ROTHENBERG S J，BARQUERA S，et al，2016. The toxic food environment around elementary schools and childhood obesity in Mexican cities [J]. American Journal of Preventive Medicine，51（2）：264 - 270.

BRONFENBRENNER U，1986. Ecology of the family as a context for human development [J]. American Psychologist，52：513－531.

CUELLAR J，JONES D J，STERRETT E，2015. Examining parenting in the neighbourhood context：A review [J]. Child Fam. Stud，24：195－219.

DOWNS S，DEMMLER K M，2020. Food environment interventions targeting children and adolescents：A scoping review [J]. Global Food Security，27（3）：100403.

FINNANE J M，JANSEN E，MALLAN K M，et al，2017. Mealtime structure and responsive feeding practices are associated with less food fussiness and more food enjoyment in children [J]. Journal of Nutrition Education & Behavior，49：11－18.

HAWKES C，FOX E L，DOWNS S M，et al，2020. Child－centered food systems：Reorienting food systems towards healthy diets for children [J]. Global Food Security，27：100414.

HEADEY D D，ALDERMAN H H，2019. The relative caloric prices of healthy and unhealthy foods differ systematically across income levels and continents [J]. Journal of Nutrition，149（11）：2020－2033.

HEADEY D，HIRVONEN K，HODDINOTT J F，2018. Animal sourced foods and child stunting [J]. Am. J Agric Econ，100（5）：1302－1319.

HERFORTH A，AHMED S，2015. The food environment，its effects on dietary consumption，and potential for measurement within agriculture－nutrition interventions [J]. Food Security，7（3）：505－520.

HLPE（High Level Panel of Experts），2017. Social protection for food security：a report by the High Level Panel of Experts on Food Security and Nutrition [R]. Rome：Food Agriculture Organization.

HOLLIS J L，COLLINS C E，DECLERCK F，et al，2020. Defining healthy and sustainable diets for infants，children and adolescents [J]. Global Food Security，27（5）：100401.

KHANGURA S，KONNYU K，CUSHMAN R，et al，2012. Evidence summaries：the evolution of a rapid review approach [J]. Systematic Reviews，1（1）：10.

MONTAÑO Z，SMITH J D，DISHION T J，et al，2015. Longitudinal relations between observed parenting behaviors and dietary quality of meals from ages 2 to 5 [J]. Appetite，87：324－329.

PETTICREW M，ROBERTS H，2006. Systematic Reviews in the Social Sciences：A

Practical Guide [M]. Oxford：Blackwell Publishing.

SCAGLIONI S，ARRIZZA C，VECCHI F，et al，2011. Determinants of children's eating behavior [J]. American Journal of Clinical Nutrition，94：2006－2011.

TRANFIELD D，DENYER D，SMART P，2003. Towards a Methodology for Developing Evidence－Informed Management Knowledge by Means of Systematic Review [J]. British Journal of Management，14（3）：207－222.

TRICCO C，ANTONY J，ZARIN W，et al，2015. A scoping review of rapid review methods [J]. Bmc Medicine，13（1）：224.

VALENTINA D C，SILVIA S，CARLO A，2017. Early taste experiences and later food choices [J]. Nutrients，9（2）：107.

第三章　北京市初中学生
食物消费现状

一、初中学生食物消费标准

（一）总量与分量

《中国居民膳食指南（2016）》（以下简称"膳食指南"）给出了初中学生年龄阶段儿童摄取食物的总量与不同食物摄取量的推荐。"膳食指南"提出中国居民健康摄取食物的标准，平均每人每日摄取的下列食物的量分别是谷薯类 250～400 克，蔬菜类 300～500 克，水果类 200～350 克，畜禽类 40～75 克，水产类 40～75 克，蛋类 40～50 克，奶类 300 克，豆类与坚果类 25 克，每天食物消费量合计 1 195～1 785 克。同时，膳食指南也给出了 11 岁以上儿童的饮食推荐量，每天谷薯类 6～9 份，蔬菜 4.5～6 份（其中深色蔬菜至少 1/3），水果 3～4 份，畜禽类 1～2 份，水产类 1～2 份，蛋类 1 份，奶类 1.5 份，豆类与坚果类 0.5～1 份，根据"膳食指南"给出的每种食物每份的总量标准，可以计算出，初中学生每日各类食物的推荐摄取量分别是谷薯类 300～540 克，蔬菜类 450～600 克，水果类 300～400 克，畜禽类 40～100 克，水产类 40～100 克，蛋类 40～50 克，奶类 450 克，豆类与坚果类 10～25 克，每天食物消费量合计 1 630～2 265 克（表 3-1）。

表 3-1　膳食推荐量对照表

食物种类	平均人膳食推荐量（克）		儿童饮食推荐（份）		每份重量（克/份）		按份数核算重量（克）	
	低	高	低	高	低	高	低	高
谷薯类	250	400	6	9	50	60	300	540
蔬菜类	300	500	4.5	6	100	100	450	600
水果类	200	350	3	4	100	100	300	400
畜禽类	40	75	1	2	40	50	40	100
水产类	40	75	1	2	40	50	40	100
蛋类	40	50	1	1	40	50	40	50
奶类	300	300	1.5	1.5	300	300	450	450
豆类与坚果类	25	35	0.5	1	20	25	10	25
合计	1 195	1 785	18.5	26.5			1 630	2 265

（二）结构和品种

为了便于人们按照"膳食指南"来安排每餐的食物搭配，"膳食指南"按照平衡膳食的原则，给出了"中国居民膳食餐盘"，在这个餐盘中，食物的安排遵循谷薯类食物占 25%，蔬菜占 35%，水果和坚果占 25%，动物性食物与大豆占 15%，另外，每天推荐食用牛奶及制品 300 克。

食物多样性是平衡膳食的基本原则，只有三餐食物多样，才有可能达到平衡膳食。若要量化"多样性"，"膳食指南"建议谷类、薯类、杂豆类食物品种数平均每天 3 种以上，每周 5 种以上；蔬菜、菌藻类和水果的食物品种数平均每天 4 种以上，每周 10 种以上；鱼、蛋、禽肉、畜肉类的食物品种数平均每天 3 种以上，每周 5 种以上；奶、大豆、坚果类的食物品种数平均每天有 2 种，每周 5 种以上。每天不重复的食物种类数达到 12 种以上，每周达到 25 种以上，调味品和烹饪用的油不计算在内。按照一日三餐的分配，早餐至少摄入 4～5 个品种，午餐摄入 5～6 个品种，晚餐摄入 4～5 个品种，零食 1～2 个品种。

三餐的食物摄取量的安排上，"膳食指南"没有给出建议。相关研究指出，早餐摄取的各种营养素含量应占全天供给量的 30% 左右，午餐和晚餐分别为 35%～40%。研究同时指出，早餐对初中学生的身体发育、智力发展以及学业成绩有重要的影响。

二、北京市初中学生食物消费数量与种类

（一）正餐食物消费量略低于推荐消费总量

本研究对初中学生全天所有入口食物进行了调研，为方便计算与比较，在统计过程中把初中学生三餐消费的食物（简称餐食）与零食分别进行统计。从调研数据来看，北京市初中学生全天正餐食物消费总量平均为 1 582.74 克，最高为 2 953 克；餐食时长平均为 37 分钟，最长用时不足 1 小时（55 分钟）。餐食消费食物种类平均为 15.5 种（表 3－2）。

表 3－2　初中学生餐食食物消费概况

	正餐食物消费量（克）		正餐就餐用时（分钟）		正餐食用食物种类（种）	
平均数	1 582.74		36.584 6		15.476 9	
最大值	2 953		55		24	
分性别	男	女	男	女	男	女
平均数	1 684.70	1 389.55	37.06	35.72	14.87	15.81
显著性（95%）	0.000		0.317		0.189	

分性别来看，初中男生在全天餐食食物量、用餐时间与餐食

消费食物种类的均值皆高于女生，但只有在全天餐食食物消费量上，具有统计学差异（Sig＝0.000），即可以推断出，在95％置信水平下，初中男生的餐食食物量高于女生（图3-1）。

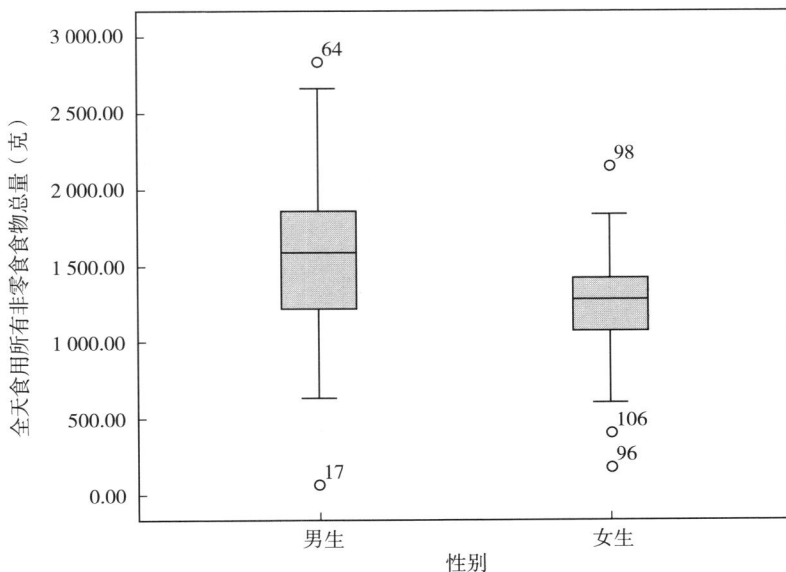

图3-1　北京市初中学生餐食食物消费量的男女生比较

对照"膳食指南"该年龄阶段儿童的食物消费量来看，北京市初中学生正餐食物消费量低于推荐量水平，为全天食物消费推荐量下限的97％，上限的70％。众所周知，这个年龄阶段儿童的零食消费较为普遍，有研究指出，青少年儿童零食消费量为食物需求量的20％～25％，因而，如果计入零食消费量，北京市初中学生的食物消费总量不低于膳食推荐的摄入量水平。

（二）谷类与肉类消费量占绝对比例

食物多样化是膳食平衡的基本途径，《黄帝内经》中有"五谷为养，五果为助，五畜为益，五菜为充"的饮食指导，意思是食用多种食物，获得更全面、均衡的营养，是健康的基本要求。人类需要的营养素有 40 多种，如蛋白质、碳水化合物、脂肪、钙、铁、碘、锌、硒、维生素 A、维生素 B_1、维生素 B_2、维生素 C 等，这些营养素必须通过食物摄取来满足需求。除了母乳可以满足 6 个月以内新生儿的需求外，没有一种食物含有人体所需的全部营养素，必须依靠吃多种食物来获得。

吃多种多样的食物，能够使蛋白质充分发挥互补作用。蛋白质的基本组成成分是氨基酸，我们身体需要多种氨基酸，但是我们身体对不同氨基酸的需求量和单一食物中氨基酸的比例都不相同，比如，玉米、小米、大豆单独食用时，其生物价分别为 60、57、64，如果按 23％、25％、52％的比例混合食用，生物价可提高到 73，所以如果你早餐吃的是杂粮面馒头比你吃一个白面馒头获取的蛋白质营养要好得多。

多样饮食也是减少食物安全性问题带来危害的办法。现在的食物农残、重金属残留、激素、假冒产品等问题较多，如果你经常吃大量的某一种食物，而恰好你吃得这种食物可能是不安全的，那你积累的农残或者毒素就比较多，而如果你是多样化的饮食，可能就时常替换这种食物，吃得也不多，这种食物里的毒素对你的危害就变小，虽然其他食物可能也不安全，但是单一危害是变小的，就是不要把鸡蛋都放在一个篮子里。

同时，多样饮食能够让营养素发挥协同作用。这一点和蛋白质的互补作用非常相似，我们身体某一种变化不是一两个营养素作用就能产生的，比如身体长高，补钙不但和蛋白质、钙的摄入有关系，还和很多维生素及矿物质都有关，起到辅助吸收利用的作用，饮食多样化可以达到这一点。

北京市初中学生食物消费量在具体食物类别上有所不同，消费量绝对值最大的前三种食物分别是谷薯类、蔬菜类与奶类，平均值分别为 595 克、262 克与 198 克；消费量绝对值最少的食物类别是大豆坚果

类与水果类，分别为 16 克与 77 克（表 3－3）。分性别来看，初中女生
奶类消费量均值高于男生，但不具有统计学意义上的显著差异；其余
6 类食物中，女生的消费量均低于男生，但只有谷薯类与大豆坚果
类这两类食物的消费量，具有统计学上的显著差异（Sig＝0.01），即
可以推断出男生谷薯类消费量与豆类坚果消费量高于女生（图 3－2）。

表 3－3　北京市初中学生全天七类食物消费量的性别差异比较（克）

食物种类	性别	平均数	中位数	最小值	最大值	显著性
谷薯类	总体	595.27	525.00	70.00	1 520.00	
	男生	666.98	630.00	70.00	1 520.00	0.001
	女生	464.30	450.00	120.00	910.00	
肉类	总体	111.32	100.00	0	370.00	
	男生	118.94	110.00		370.00	0.047
	女生	97.39	65.00		330.00	
蔬菜类	总体	261.51	230.00	0	820.00	
	男生	283.05	242.50		820.00	0.087
	女生	222.17	215.00		560.00	
蛋类	总体	102.58	105.00	0	270.00	
	男生	110.71	105.00	0	270.00	0.586
	女生	87.72	100.00	0	200.00	
奶类	总体	197.55	243.00	0	500.00	
	男生	196.76	243.00	0	500.00	0.220
	女生	198.98	236.50		260.00	
水果	总体	77.43	80.00	0	600.00	
	男生	77.99	70.00	0	600.00	0.113
	女生	76.41	87.50	0	600.00	
大豆坚果	总体	15.81	0	0	220.00	
	男生	19.11	0	0	220.00	0.015
	女生	9.78	0	0	220.00	
水产	总体	103.52	110.00	0	530.00	
	男生	107.45	110.00	0	530.00	0.534
	女生	96.35	110.00	0	240.00	

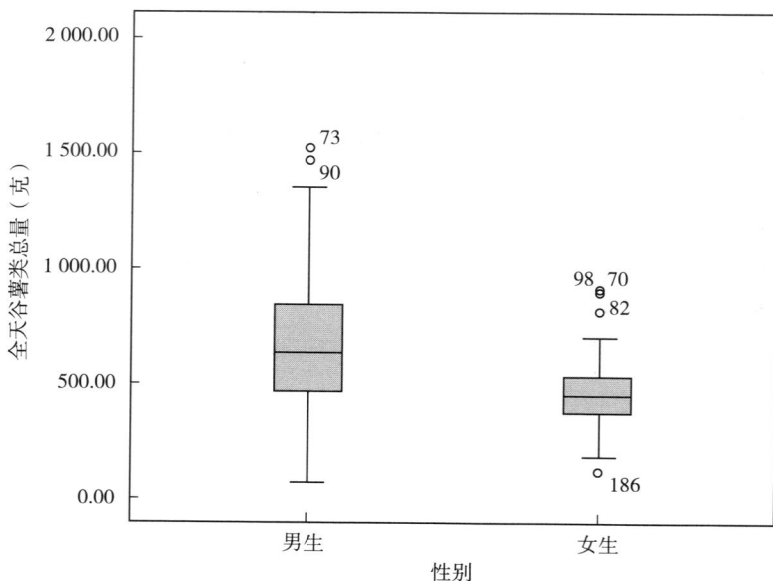

图 3-2　北京市初中学生谷薯类食物消费量分性别比较

对照"膳食指南"给出的该年龄段儿童各类食物的摄取量标准，可以看出，北京市初中学生消费谷薯类、肉类、蛋类与水产类的均值均高出推荐量的上限；其中蛋类消费量是推荐量的 2 倍，谷薯类、肉类高出 10% 左右，水产类消费略高。大豆与坚果类的消费水平与膳食推荐量相当；蔬菜、水果、奶类消费均值小于推荐量，蔬菜消费量为推荐量的一半左右，奶类消费量不足 50%，水果消费最低，仅为推荐量的 1/5～1/4。

（三）零食消费知多少

零食，通常是指一日三餐时间点之外的时间里所食用的食品。一般情况下，人的生活中除了一日三餐被称为正餐食物外，其余的一律被称为零食。零食跟食用的时间点有关，跟种类无关。在本研究，将正餐之外所吃的所有食物均记为零食消费，包括蜜饯、膨化食品、肉干鱼干、糖果、干果、面包糕点、奶制品等多种类型。

一般认为，吃零食干扰正常的饮食规律，并且使得胃肠负担加重导致人体营养的失衡，特别对于脂肪类、糖类的食物摄取过多，还容易导致发胖。有些深加工零食添加成分较多，这些成分在人体会进行蓄积，对健康非常不利；有的零食甚至含有重金属，对人体的危害非常大，处于生长发育关键期的青少年儿童，应少吃零食，远离零食。

但是，也有很多人把零食作为日常的消遣，或者正餐之外来补充能量，还有人认为靠吃零食来缓解压力，对健康生活是必要的。美国曾经有个调查发现，三餐之间吃零食的儿童，比只吃三顿正餐、不吃零食的孩子反而更易获得营养的平衡。儿童从零食中能获得的热量可以达到总热量的 20%，获得维生素和铁元素各有 15%，矿物质有 20%。青少年儿童正处在身体生长和发育的阶段，处在学习长知识的时期，加上他们的活动量比较大，体力脑力的消耗都大，适时健康零食，对他们的健康大有裨益。

本研究中，北京市初中学生的零食消费量日均为 129.87 克，其中女生高于男生，且具有显著性差异。在零食消费种类上，日均消费零食种类为 2.30 种，最高消费 7 种，男生与女生无显著性差异。每周用于购买零食的花费均值为 44 元，占每周零花钱的 96%，即初中学生的零花钱几乎都用来购买零食了。在每周支配的零花钱与购买零食花费这两项上，女生均高于男生，且具有统计学意义上的显著差别。就不同地区来看，城区学生每周零花钱均值为 78.4 元，郊县学生为 17 元，且具有统计学意义上的显著差别。城区与郊县初中学生每周支配零花钱均值分别为 49.5 元与 43.7 元，没有统计学意义上的差别（表 3-4）。

由于初中学生处于快速的生长发育期，对食物的需求相对较大，新陈代谢快，因而在正餐之间添加零食，通常认为是为了补充

表 3 - 4　北京市初中学生零食支出分城乡地区比较（元）

	地区	平均数	标准偏差	标准误平均值	T	df	显著性（双尾）
每周食物消费支出	城区	367.75	286.78	12.47	15.136	1 200	0
	郊县	179.26	131.92	5.09	13.998	702.980	0
每周零食支出	城区	78.37	84.17	3.66	18.589	1 200	0
	郊县	17.01	14.07	0.54	16.588	551.244	0
每周零花钱	城区	49.52	109.44	4.76	1.259	1 200	0.208
	郊县	43.66	45.04	1.74	1.156	668.640	0.248

能量。心理学研究表明，人类或动物都有一种本能的"皮"饥饿，需要定期不断地抚摸皮肤以满足其需要，这种抚摸包括自我接触和他人抚摸。婴儿时期，如果缺乏父母的抚摸、拥抱和亲吻，尤其是母亲的亲密行为，会导致儿童成年后的社会适应不良等身心障碍。当一个人处于极度紧张、焦虑、忧郁和痛苦时，会不自觉地通过自我抚摸来缓解紧张，减轻焦虑，消除内心冲突，保持心理平衡。从本质上讲，吃零食行为与自我抚摸行为的机制也是相同的。吃零食的目的并不仅仅在于满足肚子饥饿的需要，而在于对紧张情绪的缓解和内心冲突的消除。当食物与嘴部皮肤接触时，它能够通过皮肤神经将感觉信息传递到大脑中枢而产生一种慰藉。

北京市初中学生选择吃零食的原因中，排在前三位的分别是喜欢零食口味（59.23%）、充饥（49.75%）与减压（38.60%）。有26.87%的学生吃零食是因为无聊，需要打发时间；16.72%的学生是习惯性吃零食，15.39%的学生是看别人吃自己也吃（图3-3）。因而可以判断，有三分之二的学生有目的性吃零食，而还有三分之一的学生吃零食属于形式性的。调研数据可以看出，北京市的初中学生中，有几近一半的学生吃零食是为了补充身体能量和充饥的，可见，零食是初中学生正餐之外的必要食物补充；有将近

60％的学生是因为零食的美味吸引力而选择吃零食，而美味通常是较多的添加剂和改良剂的结果，这也正是大多数家长认为零食不健康，不愿意让孩子吃零食的原因之一。另外有通过零食减压的达到38.6％，接近四成，对于中学生的压力从何而来，有必要做进一步研究。

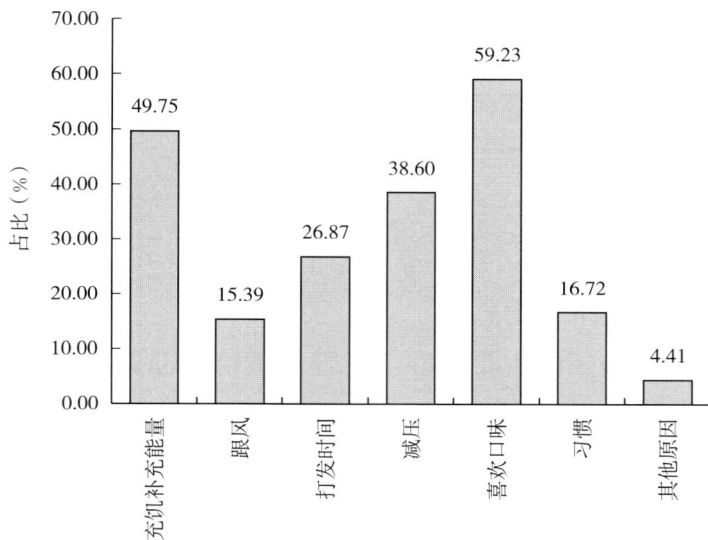

图 3-3　北京市初中学生消费零食背后的原因

在"充饥补充能量""喜欢口味""打发时间"这三个变量上，男生与女生具有统计学意义上的显著性差异，男生更倾向于补充能量型消费零食，女生更多是因为喜欢零食的口味和打发时间而吃零食。

对不同地区进行比较，零食消费原因在"减压""打发时间""习惯性消费"与"跟风"的零食消费"感染性"这四个变量上有统计学意义上的显著性差异。郊县地区的初中学生零食消费更具有"感染性"，城区初中学生在零食消费习惯、通过吃零食减压与打发时间方面要甚于郊县初中学生。在"充饥补充能量"和"喜欢零食口味"这两个变量上，城区和郊县初中学生没有统计学意义上的显著差异，这也反映出，零食口味与充饥是吸引学生消费最主要的无差别原因。总之，数据显示，初中学生在选择零食时，口感好是最主要的因素。

（四）五分之一的初中学生每周吃 2～3 次洋快餐

青少年是指 10～17 岁的未成年人群。这阶段的人群正处在生长发育的高峰期，在身体上对各种营养的需求远远高于成人，因此营养问题显得尤为重要。处于这阶段的青少年由于个性心理的发展，学习压力大，对家长有一种逆反心理，喜欢吃香、辣、脆及高脂食品，特别是洋快餐等类型的食品，忽视平衡膳食，为日后疾病的发生埋下了隐患。

青少年是快餐的主要人群。中国健康与营养调查显示，2 岁以上人群快餐消费量明显增加，而青少年更热衷于"叫外卖"并被认为是一种时尚的生活方式。大量研究指出，西式快餐、路边摊店和含糖饮料是导致青少年超重与肥胖的几项主要因素。

"洋快餐"可粗分为三类：一是主餐类，包括各种方便面、汉堡包、烘烤食品、速冻食品、牛肉片等；二是饮料类，包括啤酒、汽水、可乐等；三是小吃类，如虾片、果仁及其他油炸膨化食品。主食以高蛋白、高热量、高脂肪为特点，小吃和饮料以高糖、高盐和多味精为主。相反，人体所需的维生素、纤维素、矿物质在"洋快餐"中含量很少。有调查显示，18 岁以下的青少年特别偏爱速食，如可乐、汽水、汉堡、炸鸡，平均每周都会吃 1.2～1.4 次油炸食品，其他高脂肪食品的饮食每周也高达 1.8 次。由于摄入这类高热量、高蛋白、高脂肪食品，加重了消化器官和肾脏代谢的负担，容易使身体处于缺水状态，诱发多种疾病。这些食品缺乏足够的维生素 A、维生素 C，可导致机体免疫力降低，易疲劳，导致坏血病、夜盲症、皮肤黏膜溃疡等。

从自我报告的快餐与路边摊消费频率调查表的数据来看，一周吃两次以上快餐的学生占 25.3%，一周吃两次以上路边摊小吃的学生占 34.1%，超过吃快餐比例，两者合计达 59.4%（表 3 - 5）。这一方面是因为近几年来，随着对汉堡、可乐、薯条等洋快餐与肥胖、高血脂的关系的进一步研究、认识和宣传，人们越来越意识到洋快餐对健康的危害，客观上对选择洋快餐有一定的抑制作用。另一方面，路边摊小吃由于其方便，往往就在学校门口或者去学校的路上，对学生来说可得性更高，正如有报道指出，学校周围的小吃摊点需要加以规范与管理。如果说洋快餐的危害主要是"三高一低"（即高油脂、高热量、高添加剂，低营养密度），那么路边小吃还需要关注其卫生安全风险。

表 3 - 5　中学生快餐与小吃消费情况

消费频率	每周食用洋快餐次数占比（%）	每周食用路边摊点小吃次数占比（%）
1 次及以下	74.6	65.9
2～3 次	20.5	29.0
4～5 次	4.0	4.2
6 次以上	0.8	0.9

（五）饮料消费较为普遍

近年来，随着我国经济发展和人民生活水平的提高，含糖饮料消费越来越普遍，是青少年消费最多的饮料之一。我国含糖饮料通常含添加糖 10% 左右。大量研究指出，含糖饮料是导致青少年增加龋齿、超重/肥胖等多种疾病风险的主要因素。

中国居民营养与健康状况监测显示，2010—2012 年我国 6～17 岁儿童青少年平均每周消费 3.9 次饮料，且随着年龄增长饮料摄入频次逐渐增加，15～17 岁青少年达到每周 4.8 次；日均饮料摄入量为 21.0 克,从贫困农村、中小城市、普通农村到大城市儿童的饮料消费量逐渐增加。我国儿童青少年饮料消费以含糖饮料为主,饮料消费的增长与饮料种类的日益丰富和产量的迅速增加有密切关系。2019 年我国饮料产量为 17 763.5 万吨,同比增长 7%。

　　儿童青少年摄入过多的含糖饮料,不仅会降低白开水、奶及奶制品的饮用量,还会增加龋齿、超重/肥胖、糖尿病和心血管疾病等多种疾病的发病风险。国内外多项研究发现,过多摄入含糖饮料可增加儿童青少年患龋齿的风险。2004 年,英国一项针对 12 岁儿童的队列研究显示,每天喝碳酸饮料增加 2 年后龋齿发生风险〔比值比(OR)=1.46,95% 置信区间(CI)=1.08~1.97〕,与碳酸饮料中的酸性成分对牙齿表面的酸蚀有密切关系。

　　近年来多项研究提示,含糖饮料含较多的添加糖,过多摄入可以造成能量摄入增加,增加儿童青少年超重/肥胖的风险。2012 年,新西兰的一项系统综述和 Meta 分析显示,在前瞻性研究中,含糖饮料摄入最多组在随访 1 年后超重/肥胖风险是摄入最少组的 1.55 倍(95% CI=1.32~1.82)。2013 年,美国的一篇系统综述和 Meta 分析提示,每天增加 1 份(355 毫升)含糖饮料摄入,持续 1 年可使儿童体质指数(BMI)增加 0.06 千克/米^2(95% CI=0.02~0.10),而减少含糖饮料摄入可使儿童 BMI 降低 0.17 千克/米^2(95% CI=-0.39~0.05)。对儿童青少年含糖饮料消费与肥胖的相关性分析发现,含糖饮料消费量高是儿童青少年超重/肥胖的危险因素;经常摄入含糖饮料的儿童容易发生腹部肥胖(OR=1.36,95% CI=1.17~1.59)。有研究提示,含糖饮料会增加膳食血糖负荷,导致炎症、胰岛素抵抗和 β 细胞功能受损。多项流行病学研究提出了儿童青少年含糖饮料消费与 2 型糖尿病和代谢综合征之间的关系。2015 年一项针对多种族儿童的横断面分析显示,较高的含糖饮料摄入量与较高的血浆三酰甘油浓度相关。另有研究者以 2004—2011 年我国 4 618 名儿童青少年为研究对象，结果发现儿童青少年的收缩压和舒张压水平均随含糖饮料摄入频率的增加而升高，但类似的其他研究并未发现含糖饮料与高血压的相关性。

从自我报告的快餐与路边摊消费频率调查表的数据来看，北京市初中学生中，一周喝 2 次以上饮料的占 65.3%，每周喝 3 次以上饮料的占 34.7%，每周喝 5 次以上饮料的占 14%，还有 4.5% 的学生每天都喝饮料（表 3-6）。在一周喝饮料次数方面，性别与地区存在统计学意义上的显著性差异，城区初中学生高于郊县，女生每周喝饮料次数高于男生。

表 3-6　北京市初中学生喝饮料频次情况

频　次	百分比（%）
每天喝	4.5
一周喝 5 次	9.5
一周喝 3 次	20.7
一周喝 2 次	28.6
一周喝 1 次及以下	36.7

儿童含糖饮料的高消费与多种因素相关，儿童自身的因素包括看电视或视频时间长、零食消费多、高强度身体活动等；家庭因素如父母消费含糖饮料、教育水平较低、不合理的喂养方式等；此外，在学校和生活环境方面，学校自动售卖机售卖含糖饮料、住在快餐或便利店附近都会增加儿童含糖饮料消费。可见儿童含糖饮料的高消费是多种因素共同作用的结果，需要采取针对儿童、家长和学校的综合措施，引导儿童不喝或少喝含糖饮料。

我国尚未对含糖饮料采取强制性措施，控制含糖饮料消费的主要方式是大众宣传教育和倡导，如国家卫生健康委和中国营养学会发布的相关指南和地方教育部门出台的政策等。由于这些措施均为建议性，目前尚缺乏强有力的手段控制儿童青少年含糖饮料的摄入。

根据我国儿童青少年含糖饮料消费现状，以及含糖饮料相关措施和管理环境，建议我国从家庭和学校入手，引导儿童培养充足饮水、不喝含糖饮料的习惯；在儿童聚集场所提供饮用水，降低含糖饮料的获得性，并从生产、包装、营销等多个环节加强对含糖饮料的管理。

儿童的父母要树立健康饮水的理念，从小培养儿童足量饮用白开水、不喝含糖饮料的习惯。采用家庭教育与学校教育相结合的方式，对儿童青少年、教师、家长及全社会普及科学饮水知识，提高过量摄入含糖饮料对健康危害的认识。校园内不提供含糖饮料，校园周边限制含糖饮料销售。在学校及各类儿童青少年活动场所为儿童提供充足的、符合国家标准的、温度适宜的饮用水。

加强含糖饮料食品标签和广告营销管理，逐步出台食品正面标识规范性文件，在预包装食品的正面对高油、糖、盐的特点予以警示；限制针对儿童青少年的高糖、油、盐食品或饮料的广告与营销。同时，开展儿童青少年含糖饮料和饮水情况监测，观察其健康效应和影响因素，及时评估各项措施的实施效果。

（六）六成学生在强化营养

1982、1992、2002 年的 3 次全国营养调查显示，我国儿童的身高和体重有了明显的增长，但儿童营养不良的患病率在局部地区仍然较高。通过膳食调查发现儿童膳食摄入中普遍存在铁、钙以及维生素 A 和核黄素缺乏的现象，而这些营养素在目前当地的食物供给条件下难以满足。

初中时期是一生中身心发展的重要关口，繁重的学习与快速的身体发育，都为未来发展奠定基础。初中生的基础代谢率高，相对单位体重需要更多的能量，而且，青少年活动量较大，能量消耗比成年人快，因而比成人更需要充足的能量，才能保证身体正常运行。另外，初中时期一般开始进入青春期，也是身体的第二生长高峰，身高每年可增加 5～7 厘米，体重每年增长 4～5 千克。身高和体重的生长，都需要充足的营养。这一时期还是性特征发育的高峰，包括性腺、性器官、第二性征等都是在青少年阶段完成的。青春期的男女生应特别注意热量的补充。同时，初中时期学业繁重，正是用脑高峰，人脑虽然只占体重的 2％，但要消耗人体 20％左右的能量之源，要保持大脑高度清醒，必须为大脑提供充足的能量和氧气。蛋白质是大脑的必需品，为大脑提供必需氨基酸；糖是大脑的燃料，脑组织只有获得充足、稳定的血糖，才能较长时间集中精力学习。因而这一时期为了满足青少年的成长和学习需要，需要大量的铁、锌、钙、蛋白质等营养素。

健康的身体是革命的本钱，没有健康就没有未来，加上多年来一孩政策的实施，家长们为了孩子未来的竞争力，都非常重视青少年的营养补充。调研数据显示，有 62.1％的初中生吃过营养补充品，其中 65.2％的男生吃过营养补充品，女生吃过营养补充品的占 58.1％；在地区上，城区初中学生吃营养补充品的占 43.5％，郊县有 76.8％的学生吃过营养补充品。且是否吃过营养补充品在地区上具有统计学意义的显著性差异，郊县学生比城区学生更倾向于进行营养补充。是否吃过营养补充剂在性别上不具有统计学意义的显著性差异。

在吃过营养补充品的初中学生中，有 27.84％的学生仅补充过一类营养品，37.08％的学生补充过两类营养品，补充过三类及以上营养品的学生占 35.07％，超过三分之一（图 3-4）。在这些营养品类中，学生食用最多的前五类分别是维生素、钙、蛋白粉、益生菌与鱼肝油，健脑产品排在最后一位（图 3-5）。可见家长更加注重学生的营养均衡、身高发展与视力健康，认为身体健康是基础，提高智力、提高成绩是身体健康的必然发展。

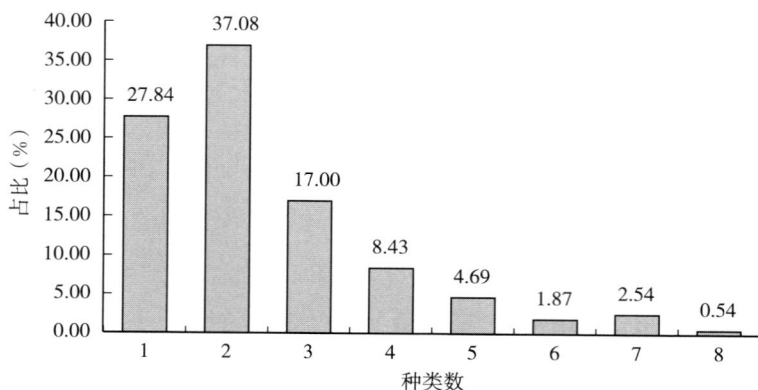

图 3-4 北京市初中学生食用营养补充品种类情况

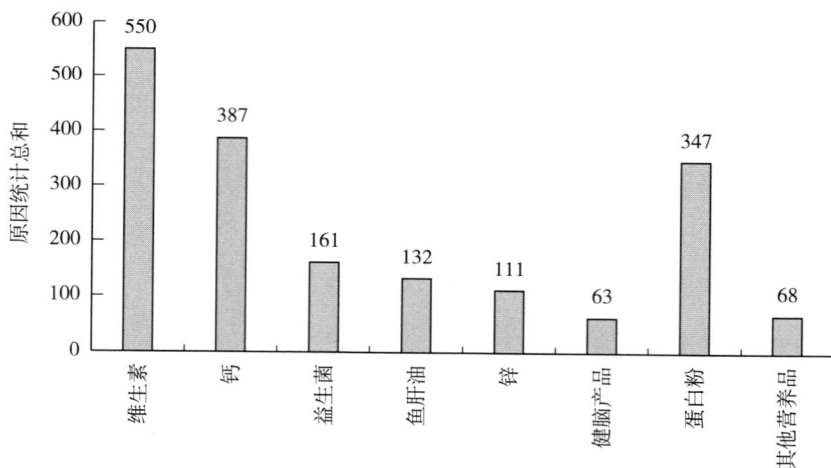

图 3-5 北京市初中学生消费零食背后的原因

三、北京市初中学生食物消费结构

（一）三餐结构较合理

合理的饮食，不仅指一天所吃食物的量要适量，还包括一日三餐食物重量分布，以及每餐各种食物的组合搭配。俗话说：早餐吃得饱，午餐吃得好，晚餐吃得少。尤其青少年，生长发育旺盛，学习紧张，能量消耗大，对三餐的安排更应有所讲究。在质和量上能符合营养原则，适合机体需要，既不造成营养不足，也不会营养过剩，成为小胖墩。

首先要供给充足的热量，早、中、晚餐必须吃饱、吃好。特别是早餐，不能敷衍，更不能忽视。如果不吃早餐，或早餐吃得不好，学习精力会受到影响，长时间饥饿状态学习，不仅学习效率不高，而且也会损害身体健康。

数据显示，北京市初中学生三餐食物消费量的结构是 28.3：36.1：35.3，即早餐、午餐与晚餐所吃食物量占全天食物消耗量的百分比分别是 28.3%、36.1% 与 35.3%，分性别来看，女生早餐、午餐和晚餐占全天食物消费量的比例分别是 33%、36.9% 与 30.1%，男生早、中、晚餐的比例为 27.4%、35.8% 与 36.8%。总体来看，北京市初中学生三餐食物分量结构安排近似 30：35：35 的传统三餐食量分布结构。

（二）品种结构不平衡

青少年的饮食结构中，还要注意各类食物的搭配和比例。除了充足的热量之外，还必须供给足量优质蛋白质和足够的维生素及矿物质。

北京市初中学生所消费食物中，谷类占 40.9%；其次是蔬菜和奶类，分别为 19.0% 与 12.9%；肉类、蛋类与水产类均不足 10%。与蔬菜相比，水果的占比非常小，仅为蔬菜占比的四分之一左右，豆类与坚果类占比最小，仅为 1.1%。分性别来看，男生在谷类与大豆坚果类的消费占比高于女生；奶类、水果类与水产类低于女生；在肉类与蛋类方面，男女生占比不相上下（表 3-7）。

表 3-7 各类食物占所消费食物比例（％）

餐次	性别	谷类	肉类	蔬菜类	水产类	蛋类	奶类	水果	豆类与坚果类
早餐	男生	41.7	6.0	11.0		5.9	26.3		9.1
	女生	31.8	6.6	11.4		7.1	31.4		11.7
	全体	36.1	6.4	11.1		6.3	30.1		10.0
午餐	男生	33.0	12.9	12.2	12.4	4.1		15.6	9.8
	女生	31.8	12.8	12.6	10.0	4.4		21.6	6.8
	全体	32.6	12.8	12.5	10.3	4.3		19.6	7.9
晚餐	男生	39.9	16.3	25.1		11.6			7.1
	女生	36.7	17.1	24.7		12.8			8.7
	全体	38.8	16.6	25.0		12.0			7.6
全天	男生	42.3	8.2	18.9	5.1	7.9	11.4	4.7	1.5
	女生	39.5	8.2	19.0	3.9	7.5	14.8	6.4	0.7
	总体	40.9	8.2	19.0	4.7	7.7	12.9	5.5	1.1

　　分餐次消费的食物种类来看，男生早餐食用谷类量最大，占比高于中午和晚上。牛奶的消费主要集中在早上，牛奶在女生食物中的占比高于男生，同时早餐消费中，蛋类、豆类与坚果的消费占比中，女生均高于男生，肉类消费占比也略高于男生，肉、蛋、奶（牛奶或豆浆奶）等动物性与植物高蛋白食物占比达56.8％；这几类食物在男生的早餐食物消费中的占比为47.3％。由此可以推出，北京市初中学生的早餐食物消费中，优质蛋白占比高出全国水平。与男生相比，女生早餐的食物消费是以肉、蛋、奶动物性产品占主导的高蛋白模式。

　　水果消费与水产消费主要集中在午餐，这可能与北京市初中学生午餐主要是学校食堂集中供应有关。由于近年来对学生营养的关注、国家上层制度安排的规范、家长要求与学校教育意识转变等多方面的原因，学校食堂的餐食讲究营养搭配，餐食种类多样化，不仅注重荤素的搭配，也尽量关注山的味道和水的味道，满足学生多样化营养需求和多样的口味选择。水果消费在女生的午餐结构中占比高于男生，水产消费在男生的午餐结构中占比高于女生。

总体上，北京市初中学生正餐消费中，谷类食物占 40.9%，占比最高，其次是蔬菜，占比 19%，奶类消费位列第三，占比 12.9%。包括肉类、水产、蛋类、奶类在内的动物性食品占比 33.5%，谷类、蔬菜、水果、豆类与坚果等植物性食品占比 66.5%。植物性食物与动物性食物的消费占比大致是 1：2 的结构。这与"中国居民膳食餐盘"中，谷薯类食物占 25%，蔬菜占 35%，水果和坚果占 25%，动物性食物占比与大豆占 15% 的推荐有一定的距离，谷薯类与动物性食品占比高，而水果与蔬菜占比不足。

四、北京市初中学生食物消费习惯

(一) 半数以上学生有偏食现象

偏食主要是指拒绝或者不喜欢吃某一种或某一类食物的饮食习惯表现，反映在就餐时只吃些自己喜爱的食物而排斥其他食物。偏食、挑食已成为当今不少少年儿童的通病，也是造成儿童某些营养素不足的原因之一。例如有的人不喜欢吃蔬菜、水果或不喜欢吃肉类，从而导致缺铁性贫血。因为在他们的膳食中，尽管并不缺少铁，但是，由于铁需要与维生素 C 和肉类中分解的胱氨酸结合成为可溶性物质后才易吸收。因此，不吃蔬菜和水果，维生素 C 摄入不足，自然也就影响了铁的吸收。研究显示，我国有超过半数的人存在这样那样的偏食情况，特别是低龄人群中，偏食者占多数。

数据表明，北京市初中学生中偏食者占 61.5%。从表 3-8 占比数据来看，印证了我国超过半数的人存在偏食情况。分性别来看，男生中偏食者占 61.9%，女生中偏食者占 60.0%，两者不具有统计学意义上的显著性差别（表3-8）。

表3-8　北京市初中学生偏食情况分性别比较

有无偏食		性 别		总计
		男	女	
有	观察值	425	314	
	占比（%）	57.5	42.5	61.5
无	观察值	262	201	
	占比（%）	56.6	43.4	38.5
同性别组内占比（%）		61.9	60.0	—

分年龄来看（表3-9），在所调研的初中学生中，14岁学生偏食占比最高，为41.8%，其次是13岁与15岁，分别为39.9%与14.5%。在年龄组内，13岁学生偏食占比为62.2%，14岁学生偏食比例为59.3%，15岁为61.1%，由于16岁与17岁学生样本较少，在此不做分析。检验前三个年龄组，可得在年龄组别上的统计学意义上的显著差异，且年龄越小的学生，偏食水平越明显，这与以往研究中，偏食随着年龄的增长而趋于减缓的说法相一致。

表3-9　北京市初中学生偏食情况分年龄比较（%）

有无偏食	年 龄					总 计
	13岁	14岁	15岁	16岁	17岁	
有	39.9	41.8	14.5	0.4	3.4	61.5
无	38.7	45.8	14.7	0.9	0.0	38.5
同年组内偏食占比	62.2	59.3	61.1	42.9	100	

（二）不美不香不吾食

偏食的原因是多样的，有家庭成员饮食习惯与膳食安排的偏好使然，也有专家认为，儿童偏食是体内营养素特别是微量元素不平衡或缺乏所致，还有人认为是心理问题。少年儿童偏食、挑食习惯的形成，主要与家长和周围的人的饮食习惯有关，也与人们日常对食物贵贱评论给他们在心理上留下的好恶印象有关。本研究通过问卷与访谈，了解了北京市初中学生偏食的原因，因不喜欢食物形状而偏食的学生最多，占 42.9％，其次是食物的口感，不喜欢食物口感而偏食的占比 41.6％，因气味、认为不健康偏食的均为 1.3％，综上这些主观因素共计占偏食原因的 87.1％。而因宗教信仰与过敏等客观原因偏食的分别为 5.2％与 2.6％。其他原因偏食的占 5.2％（表 3-10）。可见北京市初中学生偏食的主要原因存在与主观上的认知与喜好感觉。

表 3-10　北京市初中学生偏食原因与性别的交叉分析（％）

偏食原因	性　别		总计
	男生	女生	
口感	19.5	22.1	41.6
气味	1.3	—	1.3
形状	24.7	18.2	42.9
信仰	3.9	1.3	5.2
过敏	2.6	—	2.6
觉得不健康	1.3	—	1.3
其他	2.6	2.6	5.2
合计	55.8	44.2	100.0

（三）男生吃早餐占比高于女生

早餐是一天的开始，对健康非常重要。每天吃早餐是世界卫生组织提倡的健康生活方式，我国膳食指南也推荐要规律饮食，保证一日三餐。早餐作为一天的第一餐，对膳食营养摄入、健康状况和学习效率至关重要，特别是正处于生长发育期且学习任务繁重的初中学生，如果不吃早餐或早餐营养质量不佳，不仅影响他们的营养摄入，不利于身体与智力发育，影响其学习成绩和体能，还会影响他们的营养状况乃至健康，增加患糖尿病、肥胖等疾病的风险。早餐提供的能量和营养素在全天能量和营养素的摄入中占有重要地位。早餐所提供的营养素很难从午餐或晚餐中来补充，不吃早餐或早餐营养质量差是引起全天能量和营养素摄入不足的主要原因之一。不吃早餐的儿童少年全天能量、蛋白质、脂肪、碳水化合物及某些矿物质和维生素等的摄入低于吃早餐的儿童少年。吃早餐可以明显改善儿童少年营养的摄入。

有关早餐对学生学习表现的影响主要集中在解题能力、注意力、短期记忆等方面。在对营养状况的研究发现，吃早餐的儿童图形识别的错误率低于没有吃早餐者；用计算机来测试9～11岁儿童的反应能力，发现吃早餐的儿童应答错误率较低，他们数学的测试成绩也好于没有吃早餐的儿童。早餐能量摄入充足的学生其身体耐力、创造力、加法、数字核对等的表现均优于能量摄入不足的学生。

由于早餐要为人体提供丰富的营养，以便开启元气满满的一天，因而早餐最好有谷蛋奶蔬果，丰富多样，既要吃饱，又要吃健康。

根据自填问卷数据显示，北京市初中学生中有80％的人能做到每天吃早餐，男生每天吃早餐的比例高于女生，郊县初中生每天吃早餐比例高于城区。有6.4％的学生能做到每周5天吃早餐，有5.5％的学生一周仅有两天吃早餐，也有学生从来不吃早餐，不过占比极小，属个别现象（表3-11）。

表3-11　北京市初中学生食用早餐情况的分性别与分地区比较（％）

一周吃早餐次数	性别		地区		总计
	男	女	城区	郊县	
每天均吃早餐	59.4	40.6	39.3	60.7	80.0
一周吃6次早餐	66.1	33.9	25.0	75.0	4.7
一周吃5次早餐	35.1	64.9	67.5	32.5	6.4

（续）

一周吃早餐次数	性 别		地 区		总计
	男	女	城区	郊县	
一周吃 4 次早餐	90.0	10.0	65.0	35.0	1.4
一周吃 3 次早餐	29.4	70.6	70.6	29.4	1.4
一周吃 2 次早餐	39.4	60.6	90.9	9.1	5.5
一周吃 1 次早餐	0.0	100.0	0.0	100.0	—
一周吃 0 次早餐	100.0	0.0	0.0	100.0	0.2

（四）"谷薯＋奶"主导早餐

北京市初中学生早餐以谷类与奶类为主，即"谷薯类＋奶类"模式，这两种食物消费分别占 36.1％与 30.1％，合计达 60％以上。男生摄取谷类高于女生，女生喝奶量高于男生；蔬菜占比 11.1％，肉类占比 6.4％，蛋类占比 6.3％，豆类与坚果占 10.0％，主要食物形式是豆浆与豆腐脑等豆制品。肉、蛋、奶等动物性食物占比 42.8％，其中奶类是主要担当，占动物性食品的 70％以上。动物性食物与植物性食物之比大致为四六分。

评价早餐营养质量的方法有两种，一种是根据早餐所提供的能量和营养素的量来评价，《中国居民膳食指南（2016）》中建议，早餐提供的能量应占全天总能量的 30％，早餐的食物量宜相当于全天食物量的 1/3。评价早餐营养质量的另一种方法是根据早餐食物种类的多少来评价。这种评价方法把食物分为谷薯类、肉类与豆制品、奶及奶制品、蔬菜和水果类等 4 类，如果一份早餐中包含了这 4 类食物，则认为该份早餐是营养合理与足够的，属于"充足"，如果包括了其中的 3 类食物，则认为早餐的营养质量属于"较好"；如果只包括了其中 2 类或 2 类以下的食物，则这样的早餐的营养质量被认为是"较差"的。这种方法的局限性是不能计算出能量和营养素的摄入量。

在早餐用时、摄取食物总量与丰富性方面，调研数据显示，北京市初中学生早餐平均用时 5 分钟，最长用时 20 分钟，摄取食物总量平均值为 402 克，最大值为 927 克，食物种类平均为 4 种，最多的达 9 种（表 3 - 12）。

表 3 - 12 北京市初中学生早餐摄取食物情况

	最大值	平均数
早餐用时（分钟）	20.00	5.061 5
早餐摄入食物总量（克）	927.00	402.584 6
早餐食物种类数（种）	9.00	3.907 7

调查发现，北京市初中学生在家吃早餐的占比极低，为 6.3%，学生吃早餐的地点主要是食堂（包括父母单位食堂与自己所在学校食堂），路边早餐供应点，学校周围供应加热速食食品的超市或小卖店。不吃早餐的原因主要有：没有足够的时间、不饿或不想吃、节食减肥、感觉不好或吃早餐恶心、无人准备或得不到早餐、不喜欢早餐中的食物等。

参考文献

曹若湘，符芸，2005. 北京市中小学生龋齿流行病学调查及影响因素分析 [J]. 中国学校卫生，26（10）：863 - 864.

丁彩翠，郭海军，宋超，等，2015. 含糖饮料消费与肥胖及体重改变关系的 Meta 分析 [J]. 中国慢性病预防与控制，23（7）：506 - 511.

韩霞，严菊花，罗晓明，等，2010. 昆山市 3 305 名学龄前儿童龋齿影响因素分析 [J]. 中国儿童保健杂志，18（8）：659，680.

景方圆，李迎君，范春红，2018. 中国儿童青少年含糖饮料消费与肥胖的相关性研究 [J]. 预防医学，30（5）：494 - 498.

石丹，李洲，2020. 我国饮料产业发展现状与趋势 [J]. 食品与发酵科技，56（4）：69 - 74.

孙力菁，陆茜，周月芳，等，2016. 上海市青少年饮食相关行为调查及危险因素分析 ［J］. 教育生物学杂志，4（3）：126-129.

王泽玲，方明忠，2011. 试论"洋快餐"对青少年的危害及青少年的平衡膳食［J］. 考试 周刊（91）：219.

杨丽丽，马传伟，梁亚军，等，2016. 含糖饮料摄入频率对儿童青少年血压水平的影响 ［J］. 中国学校卫生，37（10）：1456-1459.

张倩，胡小琪，2018. 中国居民营养与健康状况监测报告（2010—2013）之十一 ［M］. 北京：人民卫生出版社.

中国营养学会，2016. 中国居民膳食指南（2016）［M］. 北京：人民卫生出版社.

ALLEHDAN S S，TAYYEM R F，BAWADI H A，et al，2017. Fast foods perception among adolescents by gender and weight status ［J］. Nutr Health，23（1）：39-45.

ARMFIELD J M，SPENCER A J，ROBERTS - THOMSON K F，et al，2013. Water fluoridation and the association of sugar-sweetened beverage consumption and dental caries in Australian children ［J］. Am J Public Health，103（3）：494-500.

DUGMORE C R，ROCK W P，2004. A multifactorial analysis of factors associated with dental erosion ［J］. Br Dent J，196（5）：283-286.

GUI Z H，ZHU Y N，CAI L，et al，2017. Sugar-sweetened beverage consumption and risks of obesity and hypertension in Chinese children and adolescents：a national cross-sectional analysis ［J］. Nutrients，9（12）：1302.

JACKSON D A E，COTTER B V，MERCHANT R C，et al，2013. Behavioral and physiologic adverse effects in adolescent and young adult emergency department patients reporting use of energy drinks and caffeine ［J］. Clin Toxicol，51（7）：557-565.

LUGER M，LAFONTAN M，BES-RASTROLLO M，et al，2017. Sugar-sweetened beverages and weight gain in children and adults：a systematic review from 2013 to 2015 and a comparison with previous studies ［J］. Obes Facts，10（6）：674-693.

LUNDEEN E A，PARK S，ONUFRAK S，et al，2018. Adolescent sugar-sweetened beverage intake is associated with parent intake，not knowledge of health risks ［J］. Am J Health Promot，32（8）：1661-1670.

MALIK V S，PAN A，WILLETT W C，et al，2013. Sugar-sweetened beverages and weight gain in children and adults：a systematic review and meta-analysis ［J］. Am J Clin Nutr，98（4）：1084-1102.

MALIK V S，POPKIN B M，BRAY G A，et al，2010. Sugar-sweetened beverages and risk of metabolic syndrome and type 2 diabetes: A meta-analysis [J]. Diabetes Care, 33 (11): 2477 - 2483.

MAZARELLO PAES V, HESKETH K, O'MALLEY C, et al, 2015. Determinants of sugar-sweetened beverage consumption in young children: a systematic review [J]. Obes Rev, 16 (11): 903 - 913.

MIRMIRAN P, YUZBASHIAN E, ASGHARI G, et al, 2015. Consumption of sugar sweetened beverage is associated with incidence of metabolic syndrome in Tehranian children and adolescents [J]. Nutr Metab (Lond), 12 (1): 25.

PARK S, LIN M, ONUFRAK S, et al, 2015. Association of sugar-sweetened beverage intake during infancy with dental caries in 6-year-olds [J]. Clin Nutr Res, 4 (1): 9 - 17.

RIOSJ L, BETANCOURT J, PAGAN I, et al, 2013. Caffeinated-beverage consumption and its association with socio-demographic characteristics and self-perceived academic stress in first and second year students at the University of Puerto Rico Medical Sciences Campus (UPR-MSC) [J]. P R Health Sci J, 32 (2): 95 - 100.

SCHULZE M B, LIU S, RIMM E B, et al, 2004. Glycemic index, glycemic load, and dietary fiber intake and incidence of type 2 diabetes in younger and middle-aged women [J]. Am J Clin Nutr, 80 (2): 348 - 356.

SHANG X W, LIU A L, ZHANG Q, et al, 2012. Report on childhood obesity in China (9): sugar - sweetened beverages consumption and obesity [J]. Biomed Environ Sci, 25 (2): 125 - 132.

SOHN W, BURT B A, SOWERS M R, 2006. Carbonated soft drinks and dental caries in the primary dentition [J]. J Dent Res, 85 (3): 262 - 266.

TE MORENGA L, MALLARD S, MANN J, 2012. Dietary sugars and body weight: systematic review and meta-analyses of randomised controlled trials and cohort studies [J]. BMJ, 346: e7492. DOI: 10.1136/bmj.e7492.

VAN ROMPAY M I, MCKEOWN N M, GOODMAN E, et al, 2015. Sugar-sweetened beverage intake is positively associated with baseline tri-glyceride concentrations, and changes in intake are inversely associat-ed with changes in HDL cholesterol over 12 months in a multi-ethnic sample of children [J]. J Nutr, 145 (10): 2389 - 2395.

WANG Z, ZHAI F, ZHANG B, et al, 2012. Trends in Chinese snacking behaviors and patterns and the social-demographic role between 1991 and 2009 [J]. Asia Pac J Clin

Nutr，21（2）：253 – 262.

YOSHIDA Y，SIMOES E J，2018. Sugar-sweetened beverage，obesity，and Type 2 diabetes in children and adolescents：policies，taxation，and programs ［J］. Curr Diab Rep，18（6）：31.

第四章　北京市初中学生
食物消费模式

不同家庭养育了不同的饮食方式和生活方式，这是饮食模式的"底色"部分，对此只能去了解、去沟通、去对话。近些年来，人们开始关注初中学生的食物消费与身体健康、心智发育以及学习成绩之间的关联，一些政府部门和研究机构中，都组建了跨文化、跨学科的食物消费研究相关平台。目光及处，是观察初中学生的饮食行为、食品安全和多元互动。在物质文明高度发达的北京市，初中学生的食物消费样貌气象万千，不同的食物消费模式，都有今日之问，关注的越广越深入，就越能理解。它们的多元性呈现着什么样的样貌？

一、基于因子分析的四种消费模式

本研究通过因子分析，采用主成分法，基于特征值大于 1 抽取因子，并通过最大方差法旋转，对复杂多样的食物消费现象进行降维处理。将北京市初中学生三餐食物消费中，各类食物的消费比重变量进行因子分析，对数据做 KMO 与 Bartlett 检定，得出 KMO 值为 0.714，大于 0.6；Bartlett 检验对应的显著性 P 小于 0.05，检验结果说明该数据适合做因子分析（表 4 - 1）。

表 4 - 1　因子分析条件的 KMO 与 Bartlett 检定

Kaiser - Meyer - Olkin 测量取样适当性		0.714
Bartlett 的球形检定	近似卡方	3 501.380
	df	28
	显著性（P）	0.000

基于特征值大于 1 与碎石图的陡缓过度示意来进行提取因子个数，结果显示，有 4 个因子特征值大于 1。方差解释率和累计方差解释率数据显示这四个因子包含元数据 73.75% 的信息量，超过 60%，可接受（表 4 - 2）。

表 4 - 2　说明的变异数统计

	起始特征值			撷取平方和载入			循环平方和载入		
	总计	变异（%）	累加（%）	总计	变异（%）	累加（%）	总计	变异（%）	累加（%）
1	1.946	24.329	24.329	1.946	24.329	24.329	1.664	20.802	20.802
2	1.748	21.854	46.183	1.748	21.854	46.183	1.475	18.441	39.243
3	1.158	14.470	60.652	1.158	14.470	60.652	1.417	17.708	56.951
4	1.048	13.105	73.757	1.048	13.105	73.757	1.345	16.807	73.757
5	0.839	10.488	84.245						
6	0.738	7.380	91.034						
7	0.663	8.294	92.539						
8	0.555	6.935	99.473						
9	0.042	0.527	100.000						
10	$-3.354E-15$	$-3.354E-14$	100.000						

对照因子载荷系数来匹配因子与变量的对应关系，从结果分析中可以看出，使用因子分析对 10 个变量进行降维处理，合并为

4个因子。水果类、奶类、蛋类在因子1上有较高的载荷，说明因子1可以解释这几个变量项，它们主要反映鼓励摄入性的食物类型；小吃类与零食类在因子2上有较高的因子载荷，这两类食物主要反映补充型食物类型；快餐类与其他类在因子3上有较高的因子载荷，这两类食物主要反映限制摄入性食物类型；肉类、谷薯类与蔬菜类在因子4上有较高的因子载荷，这三类食物主要反映传统型食物类型（表4-3）。

表4-3　元件评分系数矩阵

项目	因子1	因子2	因子3	因子4
水果类	0.732	−0.119	−0.205	−0.134
奶类	0.728	0.014	−0.022	0.040
蛋类	0.664	0.174	0.187	0.064
小吃类	−0.376	−0.909	0.084	−0.057
零食类	0.314	−0.808	0.260	0.237
快餐类	−0.381	0.260	−0.926	−0.036
其他类	−0.105	0.024	0.637	0.238
肉类	−0.169	0.302	0.560	0.775
谷薯类	0.047	0.008	−0.043	−0.681
蔬菜类	0.020	0.537	0.197	0.601

注：撷取方法：主体元件分析。
转轴方法：具有 Kaiser 正规化的均等最大法。

通过因子分析降维处理，每个因子代表一种消费模式，把复杂多样的食物消费状况概括成四种食物消费模式。

（一）鼓励型食物消费模式

进入第一象限的食物包括蛋类、奶类和水果类。蛋类富含蛋白质，其中有人体必需的8种氨基酸，且与人体蛋白组成极其近似，极易被人体消化吸收。研究数据显示，人体对鸡蛋蛋白质的吸收率可高达 98%。另外鸡蛋中还有丰富的卵磷脂、固醇类、钙、磷、铁、维生素 A、维生素 D 及 B 族维生素，是非常优秀的食材，"膳食指南"中推荐青少年儿童每人每天吃一枚鸡蛋。奶类食品是膳食中蛋白质、钙、磷、维生素 A、维生素 B_2 和维生素 D 的重要来源，特别是奶制品中的钙含量较高，对儿童生长发育具有促进作用，"膳食指南"推荐儿童每天饮奶 400 毫升。水果含有人体需要的多种维生素，特别是含有丰富的维生素 C，可增强人体抵抗力，防止感冒、坏血病等，促进外伤愈合，维持骨骼、肌肉和血管的正常功能，增加血管壁的弹性和抵抗力；丰富的葡萄糖、果糖、蔗糖，能直接被人体吸收，产生热能；丰富的有机酸能刺激消化液分泌，有助于消化；矿物质的含量和种类也十分丰富。"膳食指南"推荐儿童每天摄取 300～400 克水果。本组食物营养素全面、品质好，在本研究中称为鼓励型食物消费模式。

（二）限制型食物消费模式

进入第二象限的食物包括快餐类和其他类。快餐类又包括炸薯条、炸鸡条、汉堡等麦当劳、肯德基洋快餐，以及烧烤、大排档等食物。这类食物主要以油炸、煎、烤为主要烹饪方式的快餐食品。西式快餐以动物性食物为主，水果、蔬菜较少，所以快餐食品中脂肪比例较高，而维生素、钙、铁等营养素的含量较低。营养学家指出，快餐是高脂肪、高能量和低维生素的食品，违反了膳食指导原则。由于这类食物一般热量较高，有些甚至含有反式脂肪酸、激素等危害健康的物质，在卫生和营养上不被推荐，因此将这类食物称为限制性食物消费模式。

（三）传统型食物消费模式

进入第四象限的食物共有 3 类，包括谷薯类、蔬菜类与肉类。中餐传统正餐往往由饭和菜构成，饭主要是指主食，包括以稻谷、小麦等谷薯类食材为原料制作的米饭、面食等；菜则是由蔬菜、肉类等构成的佐餐食物。中餐饮食讲究四菜一汤，荤素搭配，因而谷薯类、蔬菜类与肉类可以看作是构成传统中式正餐的主要食物类型。这些食物中谷薯类食物主要提供人体需要的碳水化合物，蔬菜类食物提供身体需要的维生素、矿物质与膳食纤维，肉类主要提供蛋白质和脂肪等营养。如果搭配得当，数量适当，则是健康的食物消费模式，本研究称为传统型食物消费模式。

（四）补充型食物消费模式

处于原点周围的食物有小吃类和零食类。这组食物其实是由包括超市、路边摊点的即食食品、糖果、饼干、膨化食品、甜点等零食食品等多种食物形式组成的，一般被用来救急充饥，补充能量，也有闲暇打发时间，作为对正餐的补充。由于现在小吃和零食品类非常繁多，有些可以直接作为正餐消费，或者在功能上起到正餐提供身体活动需要的能量的作用，本研究称为补充型食物消费模式。

综上所述，本研究根据因子分析结果中，各因子下集合的食物营养功能特征、在日常饮食生活中的地位，以及膳食指南的标准，将北京市初中学生的食物消费模式分类为 4 种模式，分别是主要由谷薯类、蔬菜类和肉类组成的传统型饮食模式，主要由蛋类、奶类与水果类组成的鼓励型饮食模式，主要由快餐类与小吃类组成的限制型饮食模式，及主要由零食类与其他食物类组成的补充型饮食模式（图4-1）。

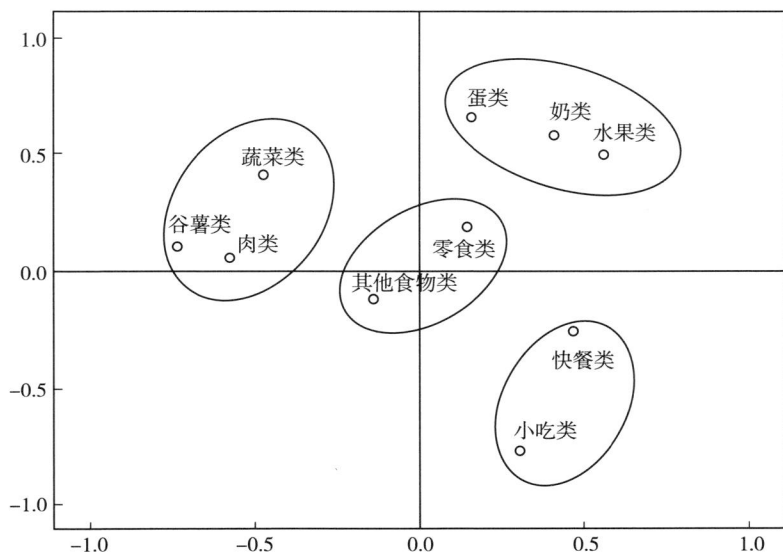

图4-1 基于因子分析的北京市初中学生食物的四种消费模式

二、基于聚类分析的四个学生组群

根据学生摄取各种食物在其所摄取食物中的占比情况，将中学生的食物消费样态划分为传统型食物消费模式、鼓励型食物消费模式、补充型食物消费模式与限制型食物消费模式4种食物消费模式。为了明确拥有不同人口学特征、社会经济地位、饮食偏好与认知水平的学生分别拥有怎么样的食物消费模式，我们对收集到的1 202个有效样本在上述4种食物消费模式的10个变量指标上进行聚类分析。集群分析是一种一般逻辑程序，它能根据相似性与异质性，客观地将相似的个案归入同一集群中，其目的是辨识在某些特征上相似的个案，并将这些个案按照特征划分为几个集群，使在同一集群内的个案具有高度的同质性，而不同集群的个案则具有高度的异质性。即根据谷薯类、肉类、蔬菜类、蛋类、奶类、水果类、零食类、快餐类、小吃类与其他类这十类食物摄入的占比指标数据，对 1 202 个样本通过系统聚类，采用案例分类的方法进行分类。聚类结果见表 4-4。

表 4-4　Q 型聚类分析个案各类食物消费摄取占比分布及比率

	次　数	百分比（%）
1	91	7.6
2	112	9.3
3	942	78.4
4	57	4.7
总计	1 202	100.0

运用集群分析，主要通过四个步骤来实现对饮食形态的界定。第一是研究设计与收集资料，同因素分析一样，一般是以饮食频率问卷所得的各食物群摄取频率，或者转换成食物的摄取频率作为分析变项。第二是选择集群方法，集群方法可以分为层次集群方法和非层次集群方法两种，在饮食形态研究中，一般采取非层次集群方法中的 K 平均数法，其优点是不受异常值的影响，距离衡量误差的波动与距离计算方法的选择影响也较小。

为鉴定 4 个样本群在每一类食物消费占比因素上是否有明显差异，对其进行方差分析（Analysis of Variance，简称 ANOVA），分析结果显示，各种食物模式的比较均达统计学意义上的显著性差异水平。就模式一"限制型"食物消费模式而言，组群 1 和组群 4 显著高于组群 2 和 3；在模式二"鼓励型"食物消费模式上，以组群 2 得分最高，组群 1 得分最低。在模式三"传统型"食物消费模式上，则是组群 3 的得分显著高于其他组群。在模式四"补充型"食物消费模式上，组群 4 得分显著高于其他组群（表 4-5）。

表 4－5　组群与食物消费形态的方差分析分数差异比较

模式	组群 1	组群 2	组群 3	组群 4	F 检定	Scheffe 事后检定
限制型（快餐小吃类）	0.29	−0.13	0.05	0.22	16.72***	1＞2 4＞2
鼓励型（蛋奶水果类）	−0.39	1.62	−0.03	−0.17	557.47***	2＞1 2＞3 4＞1
传统型（谷薯蔬菜肉类）	−0.32	−0.20	1.95	−0.28	64.61***	3＞4 3＞2 3＞1
补充型（零食其他类）	−0.15	−0.32	−0.09	1.87	296.22***	4＞3 4＞2 4＞1

***：$P < 0.001$。

（一）各组群食物消费模式特征

为描述研究群体的各组群在不同食物消费形态上的表现特征，本研究运用方差分析对各组群在快餐类、零食类、小吃类、谷薯类、蔬菜类、肉类、蛋类、奶类、水果类与其他类食物的摄取次数/比例等变量进行鉴别，以分析各组群学生的食物消费模式特征。表 4－6 显示，除了快餐类与零食类的消费不具有统计学意义上的显著性之外，其他八类食物在各组群的消费上具有统计学意义上的显著差异。Scheffe 事后检验结果显示，在小吃类食物上，组群 1 的得分显著高于其他组群。在奶类和水果类食物上，组群 2 的得分显著高于其他组群；在蛋类食物消费上，组群 2 的得分高于组群 1 与组群 4 的得分，但低于组群 3 的得分。在谷薯类和肉类两类食物的消费上，组群 3 的得分在各个组群中最高，其次是组群 1，组群 4 均排在最后。在蔬菜类食物的消费上，组群 3 的得分在各个组群中最高，其次是组群 4，组群 1 排在最后。在其他类食物的消费上，组群 4 的得分最高，其次是组群 1 和组群 3，组群 2 最低（表 4-6）。

表 4-6 各组群在各类食物消费比例上的平均值差异比较

模式	组群 1	组群 2	组群 3	组群 4	F 检定	Scheffe 事后检定
小吃类	154.955 4	0	5.912 7	19.054 9	809.089***	1＞4 1＞3
快餐类	2.848 2	2.689 8	2.333 3	2.791 2	1.127	
蛋类	8.008 9	16.098 9	31.317 3	5.000 0	87.052***	2＞4 2＞1 3＞2
奶类	29.136 5	183.666	18.901 1	6.571 4	146.765***	2＞1 2＞3
水果类	14.562	54.333	27.058 2	23.802 2	14.219***	2＞1 2＞3
谷薯类	35.340 7	34.250 0	70.262 0	8.333 3	64.797***	3＞1 3＞2 3＞4
蔬菜类	17.000 0	27.312 5	60.586 3	31.923 1	91.258***	3＞1 3＞2 2＞4
肉类	44.357 1	28.857 1	53.962 9	13.666 7	30.911***	3＞4 3＞2 2＞4
零食类	28.642 9	47.580 8	16.666 7	54.208 8	2.342	4＞2 4＞1
其他类	30.000 0	9.982 1	21.764 1	126.022 0	635.056***	4＞3 4＞2 4＞1

***：$P < 0.001$。

（二）限制型食物消费模式组群

综合数据分析显示的结果，可以看出各组群的食物消费模式的大致特征。组群 1 的初中学生，在小吃类食物的消费比例上得分最高，约为组群 4 的 8 倍，组群 3 的 25 倍。同时，这个组群在水果、蛋类与蔬菜类食物消费比例得分最低，水果类食物消费比例约为组群 3 的二分之一，组群 2 的四分之一，蔬菜类食物消费比例约为组群 3 的三分之一，组群 4 的二分之一。蛋类食物的消费比例得分低于组群 3 与组群 2，高于组群 4。由此可知，组群 1 的初中学生吃小吃和快餐类食物频繁，蔬菜类与水果类食物的摄取较少，倾向于较为西化的饮食形态，所摄取食物中的油脂可能偏高，属于较为不健康的食物消费形态，因而将该群体称为"限制型食物消费模式组群"。

（三）节制型食物消费模式组群

组群 2 的初中学生，在奶类与水果类食物消费比例的得分最高，特别是奶类食物的消费比例得分，约为组群 1 的 6 倍，组群 3 的 10 倍，组群 4 的 30 倍；水果消费比例得分约是组群 3 的 2 倍，组群 1 的 4 倍；蛋类食物消费比例得分上，组群 2 低于组群 3，但高于组群 1 与组群 4，约是组群 1 的 2 倍，组群 4 的 3 倍。该组群肉类、蔬菜类与谷薯类食物消费比例得分上均居第三位，肉类与谷薯类得分低于组群 3 与组群 1，蔬菜类得分低于组群 3 与组群 4。这个群体的食物消费特征是蛋奶水果类食物摄取的比例均较高，小吃类与其他类食物的消费占比得分最低，意味着食物消费中注重蛋奶等优质蛋白以及水果的低热量低脂肪的高品质食物消费特征。在当前能量过剩这个大局势下，属于受到推荐的食物消费模式，但同时，该组群的食物消费构成中，谷薯类与蔬菜类较少，对于正值身心发展旺盛期，对热量需求较高的初中学生来说，从这样的食物消费模式中获取的热量受到一定的局限，因此将此组群称为"节制型食物消费模式组群"。

（四）传统型食物消费模式组群

组群 3 的初中生，在谷薯类、蔬菜类与肉类三类食物上的消费比例得分均高于其他组群，谷薯类食物消费比例约是组群 1 与组群 2 的 2 倍；蔬菜类食物消费比例得分约为组群 4 的 2 倍，不足组群 1 的 4 倍；肉类消费比例得分也略高于组群 1，不足组群 2 的 2 倍，但是组群 4 的 4 倍多。同时该群体的蛋类消费比例得分也高于其他组群，约为组群 2 的 2 倍，组群 1 的 4 倍。水果消费仅次于组群 2，得分位列第二。但该组群的奶类消费较低，得分排名第三。由此可见，该组群的食物消费形态与中国传统的"饭菜"食物消费模式最相似，饭菜包括饭与菜，饭主要是谷薯类，菜由蔬菜类与肉类组成，故将此组群命名为"传统型食物消费模式组群"。

（五）补充型食物消费模式组群

组群 4 的初中学生食物消费在肉、蛋、奶、谷、蔬等几类主要食物的消费比例得分均较低，在奶类、蛋类、谷薯类与肉类四类食物消费比例的得分最低，特别是谷薯类与蛋类远远低于其他组群。蔬菜类与小吃类排第二，零食类与其他类食物消费比例得分最高，排在第一位，尤其是其他类食物的消费比例得分，约是组群 1 的 4 倍，组群 3 的 6 倍，组群 2 的 12 倍。整体而言，该组群的食物消费特征是，各种食物消费比例的得分都不高，主要消费的食物以零食与其他食物为主，在某种意义上是一种对正餐的补充，将此组群称为"补充型食物消费模式组群"。

第五章 影响因素

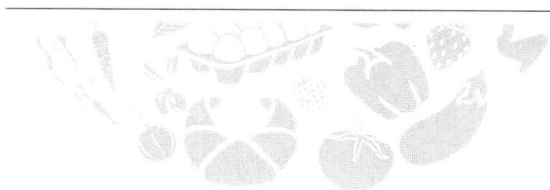

　　儿童青少年是一个成长和发展非常迅速的时期，也是一生中食物消费偏好养成的关键阶段，并为日后的健康奠定基础。儿童青少年的食物消费行为受到其个人特征因素、社会网络因素、自然环境因素和社会制度等因素的影响。家庭惯常的生活方式、父母的教养方式，以及诸如一日三餐、七分饱等社会约定俗成的饮食规则、信仰等，均会影响孩子吃什么、如何吃、吃多少、什么时候吃的食物消费行为偏好。而父母的教养方式、生活习惯、社会的饮食规则等又都受到社区环境、社会发展、媒体和食物供应的影响，是一个复杂的生态系统。

　　如第二章所述，对个体食物消费行为决定因素的研究已经检查多项单独的因素，但对这些因素在影响饮食行为中起的作用究竟有多大，尚未形成明确的定论。本研究对食物消费影响因素的检验，选取了个体特征因素、社会支持系统因素、自然环境因素与社会制度因素4个层面的25个变量，阐释影响儿童青少年的食物消费行为模式的机制，同时检验各变量对儿童青少年体态特征、健康素养等的影响，并试图探寻不同变量之间的互作关系。为此，本研究以上述 4 个层面 25 个变量为自变量，以具有不同食物消费模式特征的组群为因变量，建立 Logistic 回归模型，检验各变量的显著性，然后将各模型中显著变量全部纳入最终模型中，分析了解在控制了其他变量的情况下，哪些因素对组群的食物消费模式具有显著影响。

一、个体特征因素影响

个体特征主要包括性别、地区、体态、认知、行为等个体人口学特征。本研究中，对青少年食物消费行为模式的影响因素的检视，主要包括个体的性别、年龄、所在地区、主观体态、客观体态、食物营养认知水平、食物营养知识来源、营养补充、增高与减肥等食物营养消费经历等变量。

食物偏好是儿童青少年食物摄入量的重要决定因素。父母喂养行为对儿童青少年食物偏好的发展有重大影响。为了影响孩子的食物偏好，父母利用多种多样的行为，采取显性和隐性控制、直接限制或强迫饮食等，直接或间接地影响儿童青少年的食物消费模式。隐性控制包括诸如只为家里购买健康食品，避免出入一些出售不健康食物的商店和餐馆。也有证据表明，父母使用限制性喂养的做法会适得其反，因为这样有可能增加了儿童青少年对限制性食物的消费，进而成为体重过度增加的危险因素，特别是自我调节能力较低且有肥胖风险的儿童青少年更容易受到限制性喂养的负面影响。然而，在目前的儿童青少年体态趋胖的环境下，还是需要一些适当的父母控制来限制儿童青少年对不利健康食物的消费。这也说明，父母使用适度控制的权威方式可能有助于儿童青少年自我调节能力的发展，并有助于儿童青少年适度摄入可口的零食，提高儿童的饮食质量，降低肥胖风险。

对个体特征因素进行显著性检验显示，年龄、地区、主观体态、客观体态、补充营养剂、最需要的食物营养知识与偏食情况等6个自变量在0.05的水平上，对不同组群的食物消费模式特征具有显著性影响。但性别不具有统计学意义上的显著性影响（表5-1）。

表5-1 个体特征因素变量的显著性检测

项 目	模型适用准则	概似比测试		
	降阶模型的-2对数概似值	卡 方	df	显著性
截距	1 033.635[a]	0.000	0	
年龄	1 045.866[b]	12.231	3	0.006
地区	1 082.611[b]	48.977	3	0.000
主观体态	1 059.428[b]	25.794	9	0.002
客观体态	1 059.428[b]	25.794	9	0.000
特意补充营养剂（品）	1 047.024[b]	13.390	3	0.004
最需要的食物营养知识	1 149.933[b]	116.298	21	0.000
偏食情况	1 039.415[b]	9.744	3	0.021
-2对数概似值		1 022.740		
卡方值		212.046		

由表5-2可知，在未控制其他因素的情况下，个体特征因素变量中，年龄、地区、客观体态、营养补充、增高、减肥与食物营养知识来源等变量均对组群1有显著性影响。年龄对进入组群1的影响呈负相关，即年龄每增加1个单位，进入组群1的概率减少0.83个单位；与城市的初中学生相比，郊县的学生进入组群1的概率较小，大约降低0.65；客观体态过重的初中生，进入该群的概率要比其他体态的学生小0.51；服用补充营养与增高食品和药剂，有助于抑制初中生进入该组群，与有关特意减肥经历的同学相比，没有减肥的初中生进入该群体的概率高出0.52个单位；食物营养知识的来源对进入该组群的影响显著，但不同渠道的影响方向有所不同，知识来源于课堂等学校组织的，对抑制学生进入该群体的作用最大，只是来源如果是专业人员，也具有抑制作用，

而知识来源主要是网络平台的，则有助于初中生进入该群体。其他几个来源的影响不大，有可能是因为亲朋好友、广告与标签中各方面信息不一致引起的作用相互消解。

表 5-2 个体因素对组群食物消费特征模式影响的 Logistic
回归分析结果（以组群 4 为参照）

变项名称	组群 1	组群 2	组群 3
年龄	0.83（—）***		
地区			
郊县	0.65（—）	0.29（—）	
城市			
客观体态			
过重	0.51（—）	−0.06（—）	0.018（—）
主观体态			
消瘦		0.5（—）	
正常		0.11（—）	
营养补充			
无	0.23（—）		
增高			
有			0.195
无	0.22（—）		
减肥			
无	5.59	4.583	
知识渠道			
学校	3.01（—）		
食品包装	0.39（—）		
宣传图画与广播	0.29		
网络平台	2.62		
专业人员	1.49（—）		
亲朋好友	0.21		
其他			
预测值与观察值之比	44.0%	79.5%	91.2%

对组群 2，在统计学意义上具有显著性影响的有地区、客观体态、主观体态、减肥经历与食物营养知识来源等几个变量。郊县具有负向影响，即与城市初中生相比，郊县的学生进入组群 2 的概率要低 0.29 个单位；客观体重过重的初中生进入该群体的概率比其他体态的初中生低 0.06 个单位；主观体重消瘦和正常的初中生，进入组群 2 的概率也较小，即认为自己消瘦和体态正常的初中生，进入该组群的概率相比其他群体要低 0.5 或 0.11 个单位；食物营养知识来源中，只有学校课堂一项具有正向影响，即学校课堂传递的食物营养知识有助于促进初中生进入该组群。

影响组群 3 的变量主要有客观体重过重、有特意增高经历和食物营养知识来源。其中客观体重过重具有负向影响，即与其他客观体态相比，过重的初中生进入该组群的概率降低 0.018 个单位；有过增高经历的学生，进入该组群的概率增加 0.195 个单位；食物营养知识来源于课堂，提高进入该组群的概率为 0.213 个单位；来源于亲朋好友，提高进入该组群概率为 0.401 个单位，来源于网络平台则具有抑制进入该组群的作用，降低概率为 0.173 个单位。

通过个人特征，对初中学生的实物消费模式进入不同组群的预测中，对 4 个组群的预测正确率分别为 44.0%、79.5%、91.2% 与 100.0%，总体预测正确率为 86.5%。

二、社会支持系统的影响

社会支持系统因素包括最需要的食物营养知识、自评饮食受谁影响等个体感受变量，父母受教育程度、家庭收入与家庭就餐氛围等家庭环境与社会经济地位变量。

家庭不仅仅是个人的总和，而是可以被视为一个环境系统。这个概念框架包括心理社会概念，如家庭功能、凝聚力、冲突、沟通、社会经济地位、父母实践和父母风格。儿童青少年模仿他人行为和通过观察学习的能力，尤其是从父母和看护者那里学习的能力，可以解释所形成的食物消费风格。家庭环境对儿童青少年食物消费行为影响的重要性已经得到证明，但这种影响的潜在机制仍不清楚。先前的研究表明，积极的家庭环境可能是通过角色模仿、提供健康食品和支持健康饮食行为来建立和促进有益健康的食物消费行为。家庭环境的另一个主要方面可能是"家庭健康氛围"，即家庭内健康食物消费方式的共同认知。它反映了个人对日常家庭生活方式的体验、对健康相关主题的评估、对健康食物消费行为的态度和实践，以及对行为惯例和互动模式的期望。

一个家庭中，通常是母亲负责决定给孩子提供多少食物。然而，影响母亲是通过什么依据来决定为孩子提供多少食物的，普遍反映主要依靠经验和孩子的自身对"饱腹感"的感知，对孩子吃多少食物为"适当的量"，很少有家长有明确的认识和规定，因此在喂养实践中，也很少有对食物量进行限制。但大多数家长会根据孩子对食物的偏好来进行食物多少的调整。另外，儿童青少年的性别会影响母亲对孩子食物消费量的选择，一般父母对男孩的食物热量含量往往要高于女孩的食物热量含量，但是这种额外的热量差异往往来自不太健康的食物类别。除了喂养方式之外，母亲还充当孩子食物消费选择和消费行为的榜样，直接影响儿童青少年的食物消费方式。母亲也可以通过塑造兄弟姐妹的食物消费行为而间接地为孩子施加影响。

父亲对孩子的食物消费也起着很大的影响作用，但与母亲亲力亲为的食物喂养时间不同，父亲通常不太可能监控孩子的食物摄入，也不太可能限制孩子获得食物，相反，父亲通常是鼓励或支持儿童青少年的自主性和独立性，提高儿童选择和进食的能力。

父亲的影响也通过为家庭提供多少食物和食物的种类，营造食物消费环境来体现。也有研究显示，与母亲相比，父亲的食物消费行为对孩子的榜样作用更强，特别是在外出就餐方面。无论如何，当今社会有个普遍的认同，那就是父亲在儿童青少年成长中的影响作用越来越大，包括对食物消费行为的影响。

家庭用餐是近年来开始关注的一个因素。家庭用餐在中国具有深厚的文化背景。同时，用餐也为父母管理孩子的行为，强加规则和期望，并与孩子互动提供了一个自然主义的环境，可以增加家庭成员的互动，分享彼此与食物和饮食有关的价值观。特别是对于孩子来说，家庭用餐的社会互动是他们生活中的重要事件，家庭用餐频率与青少年儿童的食物摄入、营养摄入、肥胖、饮食习惯均有一定的联系。有研究指出，家庭一起用餐少的青少年和儿童会吃更多不健康的食物。事实上，家庭用餐与消费健康食品（即水果、蔬菜和富含钙的食品）之间存在着正向相关关系。因为在家庭用餐时一般食物均为家庭烹制的传统食物，少油少盐，而且在食材搭配上有所讲究，因而是健康和高质量的。家庭用餐的好处可以追溯到青少年和年轻人。当孩子 10 岁时，与父母共享早餐与孩子 16 岁时更频繁地吃早餐的可能性更高有关。在青少年时期，每天与家人一起吃饭的年轻人与在青少年时期从不与家人一起吃饭的同龄人相比，他们每天吃更多的水果和蔬菜。但现在，由于工作节奏的加快，餐饮业的极大发展，很多家庭备餐功能外化，即使在家，食用的食物也通常是快餐和外卖食品，这样就可能会抵消通常与家庭烹饪餐相关的营养益处。总之，家庭成员共同在家用餐有助于减少儿童青少年超重、食用不健康食品和饮食行为不良，同时能够增加健康食品的消费。

大多数研究通过父母受教育水平与家庭收入来标识初中学生的社会经济地位。在发达国家，低社会经济地位与肥胖密切相关，而低社会经济地位又是儿童青少年食物消费的重要决定因素。儿童青少年所处的社会群体为他们的成长提供了社会规范，无形中影响着他们吸收和评价信息的价值观。特别是母亲的教育水平，与儿童青少年的健康饮食行为之间存在强关联。在美国，母亲受教育程度低的孩子，其糖果和脂肪的摄入量较高，体质指数（BMI）较大。高学历母亲的孩子比低学历母亲的孩子每天吃更多的水果和蔬菜，更有可能吃早餐。而且，社会经济地位的影响是长期的，儿童期的社会弱势可能导致儿童采取不健康的食物消费行为（特别是喝饮料、吃零食、吸烟甚至过量饮酒），从而导致成年期肥胖及其心脏代谢疾病的发展。韩国的一项研究指出，营养政策对不健康的食物摄入有积极影响，社会经济地位高的群体在实施营养政策后，似乎比社会经济地位低的群体在饮食行为方面经历了更有益的变化。研究还发现，中国儿童青少年的食物消费模式与其所处的社会经济地位有关，特别是父母的喂养行为、经济状况和营养知识有关。

　　本研究检测了父亲受教育程度、母亲受教育程度、家庭年收入、自评饮食习惯受谁影响、最需要的食物营养知识以及来源，以及家庭就餐次数等变量的影响，结果显示，所有变量均在 0.05 的水平上具有统计意义上的显著性（表 5-3）。

表 5-3　社会支持系统因素变量的显著性检测

项　目	模型适用准则	概似比测试		
	降阶模型的 -2 对数概似值	卡方	df	显著性
截距	747.972[a]	0	0	
最需要的食物营养知识	841.382[b]	93.410	21	0.027
食物营养知识主要来源	682.269[b]		18	0
父亲受教育程度	786.911[b]	38.939	12	0
母亲受教育程度	760.625[b]	12.653	12	0.031

（续）

项　目	模型适用准则	概似比测试		
	降阶模型的－2对数概似值	卡方	df	显著性
家庭年收入	814.922^b	66.949	21	0
饮食受谁影响最大	762.067^b	14.095	6	0.029
家庭就餐次数	886.437^b		23	0
－2对数概似值	1 097.824			
卡方值	793.462			

　　在未控制其他因素的情况下，社会支持系统特征因素变量中，每周家庭共进早餐次数、每周家庭共进晚餐次数、饮食习惯受谁影响、父亲受教育程度、母亲受教育程度与家庭收入等变量均对组群1有显著性影响（表5-4）。每天都与家庭成员一起共进早餐能够抑制初中学生进入组群1的概率为0.62，一周在家共进早餐3～5次，对初中学生进入组群1有更大的抑制作用，概率为0.377，而一周在家共进早餐少于两次则有助于促进学生进入组群1，其促进概率为0.562。一周家庭共进晚餐5次对初中学生进入组群1的抑制作用大于每天都在家共进晚餐，而一周家庭共进晚餐低于2次则以0.634的概率推动初中学生进入组群1。饮食习惯主要受父亲或母亲影响对孩子是否进入组群1的作用相反，父亲影响较大者能够推动孩子进入组群1，而母亲的影响则能够显著抑制。父亲的受教育程度越高，对抑制孩子进入组群1的作用越强，母亲未上过大学推动孩子进入组群1，大学与研究生程度则能够起到抑制进入组群1的作用。家庭收入低于20万元或高于60万元对初中学生进入组群1具有推动作用，而家庭收入在20万～60万元之间则能够显著抑制初中学生进入组群1。

　　对组群2，每天在家共进早餐与一周在家共进早餐少于两次都对初中学生进入组群2有促进作用，相比之下，每周低于两次者作

用更强，其概率为 0.132，每周在家共进早餐 3～5 次则能够以
0.285 的概率抑制学生进入该组群。在家共进晚餐对初中学生进入
组群 2 有促进作用，且共进晚餐次数越多，促进作用越强。饮食习
惯受母亲影响的孩子比受父亲影响的孩子有更大的概率进入组群
2。父亲与母亲的受教育水平对孩子是否进入该组群的作用均不显
著。家庭收入低于 40 万元对初中学生进入组群 2 具有抑制作用，
且收入越低，抑制作用越强，家庭收入高于 40 万元有助于促进初
中学生进入组群 2，且收入越高，影响作用越大。

表 5-4 社会支持系统因素对组群食物消费特征模式影响的 Logistic 回归分析结果（以组群 4 为参照）

变项名称	组群 1	组群 2	组群 3
家庭共进早餐			
一周 7 次	0.062（一）***	0.066***	0.446***
3～5 次	0.377（一）***	0.285（一）***	0.795***
少于 2 次	0.562***	0.132***	0.390（一）***
家庭共进晚餐			
一周 7 次	0.164（一）***	0.560***	0.590***
3～5 次	0.810（一）***	0.543***	0.700***
少于 2 次	0.634***	0.176***	0.586（一）***
饮食习惯受谁影响			
父亲	0.401***	0.029***	0.404***
母亲	0.387（一）***	0.387***	0.667***
父亲受教育程度			
大学本科以下	0.641***	0.123	0.196***
本科及同等学力	0.738（一）***	0.089（一）	0.223***
研究生	0.871（一）***	0.407	0.210***
母亲受教育程度			
大学本科以下	0.330***	0.330（一）	0.243***
本科及同等学力	0.181（一）***	0.181（一）	0.485***
研究生	0.703（一）***	0.352（一）	0.288***

（续）

变项名称	组群 1	组群 2	组群 3
家庭收入			
低于 20 万元	0.215***	0.591（一）***	0.501***
20 万～40 万元	0.533（一）***	0.109（一）***	0.286（一）***
41 万～60 万元	0.691（一）***	0.317***	0.306***
61 万～100 万元	0.829***	0.646***	0.421***
100 万元以上			

影响组群 3 的变量中，家庭共进早餐一周 3 次以上者都有利于促进初中学生进入组群 3，且 3～5 次的作用强于每天均在家共进早餐，家庭共进早餐一周少于两次对初中学生进入组群 3 有抑制作用，概率为 0.390。家庭共进晚餐次数的影响，与共进早餐次数的影响方向相同，作用稍强。饮食受父亲影响与母亲影响对进入组群 3 均有正向影响，受母亲影响者进入该群的可能性更大，概率为 0.667。父亲的受教育程度与母亲的受教育程度对初中学生进入组群 3 均有正向影响，其中，父母受教育水平为本科及同等学历时，其影响作用最大。家庭收入在 20 万～40 万元对初中学生进入该组群有微弱的抑制作用，其他收入阶段均具有促进作用，且低于 20 万元的促进概率最大，为 0.501，其次为 60 万元以上，概率为 0.421，第 3 位 41 万～60 万元，概率为 0.306。

通过社会网络因素分析，在初中学生的食物消费模式进入不同组群的预测中，对 4 个组群的预测正确率分别为 34.1%、56.3%、95.2% 与 66.7%，总体预测正确率为 86.9%。

三、资源环境因素

资源环境是人们赖以生存的物质基础和环境条件。人们所处的地理位置在某种程度上决定着他们能获取什么食物，以及获取食物的季节性变化，从而发展出对食物选择的偏好，是所谓"一方水土养一方人"。虽然现代社会物流业极大发展已经打破了食物供给的地域局限，在食物的供给上能够实现周年供应，且供应半径越来越大，但对地理位置与地区食物资源的长期适应已经养成习惯，作为一种社会基因而传承，在《至味人间》中说的"乡愁是食物的味道"，其实就是资源环境对人的食物偏好的塑造，以及人对自然环境的适应性运用之间的结构性互动。

儿童青少年时期是身心发展的关键时期。父母基于资源环境而发展起来的喂养策略，与儿童期末学习的偏好和倾向相结合，发展出食物消费偏好。塑造儿童食物消费模式因素中的食物供给种类与质量影响其食欲特征，鉴于当前人们对儿童营养的重视与高热量食物的过度供应，导致其难以将能量摄入与需求相匹配，这种行为称为对内部饱足感信号的低反应性，同时也是对外部食物线索的高反应性。在吃高能量食物时体验到的高主观奖赏，从而产生对高能量食物的偏好。

研究发现，食物"挑剔"的相关结构也与较低的饮食种类和质量有关。挑剔的孩子除了拒绝吃新食物外，通常吃的食物范围很窄，与新恐惧症一样，挑剔与植物性食品的消费减少有关，而更好的食物知识与更健康的食物偏好没有直接联系。

本研究检测了初中学生所在地区、食物偏好、零食消费情况、饮料消费、快餐与路边小吃摊消费频次、周围食物供应环境等变量的影响，结果显示，除偏食之外，其他变量均在 0.05 的水平上具有统计意义上的显著性（表 5-5）。

表 5-6 显示，在未控制其他因素的情况下，资源环境因素变量中，初中学生所在地区与零食消费情况对组群 1 不具有统计学意义上的显著性影响。学校食物供应环境对进入组群 1 的

表 5-5　资源环境因素变量的显著性检测

项　目	模型适用准则	概似比测试		
	降阶模型的－2 对数概似值	卡方	df	显著性
截距	871.366[a]	0.000	0	
地区	925.723[b]	54.357	3	0.000
零食消费	881.102[b]	9.737	3	0.021
食物供应环境（学校）	918.602[b]	47.236	3	0.000
食物供应环境（家）	918.103[b]	47.236	3	
饮料消费	898.076[b]	26.710	12	0.009
快餐消费	899.595[b]	28.229	9	0.001
路边小吃消费	880.560[b]	9.194	9	0.042
偏食	486.337[b]	4.169	3	0.244
－2 对数概似值		871.366		
卡方值		260.099		

注：a 指此降阶模型相当于最终模型，因为省略效果不会增加自由度。
　　b 指在赫氏（Hessian）矩阵中发现非预期的异常值。

影响概率为 0.028，影响方向为正向，即具有推动作用。家庭的食物供给环境也对进入组群 1 有正向影响作用，影响概率为 0.402。研究中所收集的学校与家庭食物供应环境主要是指学校与家庭周围的超市、小餐馆、小吃店的分布密集性，而这类食物供应场所提供的大多是熟食、速食与简餐类食品，这类场所的密集说明初中学生置身于该类食物密集的环境中，有可能增加此类食物的食用。喝饮料频率也对进入组群 1 具有显著影响，且随着喝饮料频率的增加，进入组群 1 的概率也会不等比例地增大。快餐食用频率的影响与喝饮料频率相似，食用快餐频率越高，具有较高的进入组群 1 的概率，而很少进食快餐对进入组群 1 具有较好抑制作用，这可能与快餐跟饮料总是如影随形相关，吃快餐一般伴随着喝饮料，因而这两个变量具有方向一致的影响作用。

表 5-6　资源环境因素对组群食物消费特征模式影响的 Logistic

回归分析结果（以组群 4 为参照）

变项名称	组群 1	组群 2	组群 3
地区			
市区	3 617.153	103 519.265	9 662.191
郊县			
零食消费	0.000	0.000	0.000
食物供应环境（学校）	0.280***	0.170***	0.037（一）***
食物供应环境（家）	0.402***	0.162***	0.227（一）
喝饮料次数			
7 次以上/周	0.961***	0.487***	0.183（一）
2～5 次/周	0.282***	0.335***	0.126（一）
1 次以下/周	0.065***	0.275	0.618
吃快餐频率			
1 次以下/周	0.463（一）***	0.730（一）	0.202***
1～4 次/周	0.450***	0.040	0.010***
5 次以上/周	0.710***	0.054（一）	0.153（一）***
吃路边摊频率			
1 次以下/周	0.000	0.537	0.421
1～4 次/周	0.013	0.080	0.005
5 次以上/周	0.183***	0.197	0.000

　　学校供餐环境、家庭供餐环境与饮料饮用频次对初中学生是否进入组群 2 有显著影响。家庭食物供应环境对进入组群 2 的促进概率为 0.162，学校食物供应环境的促进概率为 0.170，两者相当。饮料消费变量中，一周 7 次以上与一周 2～5 次对进入组群 2 具有显著影响作用，且一周饮用 7 次以上的作用概率更大，很少喝饮料对是否进入该群不具有显著性影响。快餐食用频率与路边小吃食用频率对初中学生是否进入组群 2 也不具有统计学意义上的显著性影响。

　　影响组群 3 的变量主要是学校食物供应环境与吃快餐频率。学

校食物供应环境对初中学生进入组群 3 有抑制作用，其概率为
0.037，但家庭食物供应环境没有显著性影响，这可能是因为进入
该组群的初中学生的家庭食物消费较为规律，有较好的食物消费
习惯，因而不为周围的食物供应环境所影响。这也进一步印证了
家庭共同进餐对良好的饮食消费习惯的积极作用。快餐食用频率
越低，进入组群 3 的概率越高，很少吃快餐对进入该组群的促进概
率为 0.202，每周食用快餐的频率 1～4 次，影响概率则降至
0.010，一周 5 次以上频繁食用快餐，则抑制初中学生进入组群 3，
其概率为 0.153。

通过资源环境因素分析，在初中学生的食物消费模式进入不
同组群的预测中，对 4 个组群预测的总体正确率为 87.5%。

四、社会制度因素

社会制度因素是指基于一定社会制度而形成的社会体制的存
在，而非制度性因素，通常是指与制度相对应的制度运行的环境。
就食物消费的影响因素而言，社会制度因素包括有关食物营养的
观念和知识，宗教、民族和信仰，以及大众传播媒介。

有关食物和营养的观念和知识影响人们食物的选择和摄取。
不管这些观念和知识正确与否，它是人们决定选择和摄取食物的
依据，从而影响食物的选择和消费，乃至健康。我国传统文化中
是将饮食和养生联系在一起的，人们对饮食和健康也非常重视。
但是对于什么是营养并没有一个清楚的认识，有的说大鱼大肉有
营养，有人说越贵的越有营养，外国进口的有营养，越稀有的像
燕窝、鱼翅、鲍鱼、山珍海味越有营养；有人认为粗茶淡饭有营
养，有人认为要想获得营养，光吃饭还不行，应得经常来点补品、
保健品之类的，还有人认为煲汤有营养，有的认为生吃有营养，
等等。此外，对体态的审美观念，也影响着人们的食物消费选择

和食物消费行为。比如现在人们的身材焦虑、容貌焦虑，都强烈地影响着人们的体态判断，进而影响人们的食物消费模式。

宗教、民族和信仰等社会文化因素对人们食物选择和消费影响是不可忽视的。不同的宗教、民族和信仰往往将食物划分为"可食用的"和"不可食用的"，"干净的"和"不干净的"，这种对食物的分类常常产生许多食物禁忌，会把有营养价值的食物排除在外。例如，动物血中富含人体吸收、利用率高的血红素铁，经常食用是防治缺铁性贫血的一项有效措施，但在有些民族中，动物血是"不可食用的"。因此，由于这些原因，这种良好铁的食物资源得不到利用，影响着人们的健康。这些食物禁忌会影响到人们的膳食营养摄入，甚至引起营养缺乏性疾病。但由于这样的食物禁忌是深深植根于文化、宗教和信仰之中的，因此很难发生改变。

媒体是一种生成性社会制度因素，媒体广告对儿童食品知识和偏好、饮食选择和体重状况有显著影响，特别是在社会经济地位较低的群体中，电子媒体食品广告的累积曝光率较高，这与成年人的快餐消费有关。媒体环境，尤其是商业广告，已经显示出影响食品相关知识、态度、偏好和实践的因素。食品广告和儿童食物消费之间有直接的因果关系，特别是零食摄入和总热量的增加以及水果和蔬菜消费的减少。一项针对美国儿童青少年零食消费的研究指出，在美国，儿童青少年在电视机前消费的食物约占他们每日能量摄入的 20%～25%。基于儿童获得食品知识、形成偏好并实际做出食品选择的"选择环境"，为儿童创造"无垃圾食品环境"的需要得到了父母、学校、政府和相关社会团体日益高涨的支持。

由于国家对不同地区初中学生的供餐制度有不同的规定，如有些地区的营养午餐供应、牛奶计划等，因而本研究也将初中学生所处的"地区"作为一项关涉社会制度因素的考量变量。另外，本研究还检测了初中学生的主观体态、宗教信仰、媒体影响与以减肥、增高等行为反映出的审美倾向等变量对其食物消费模式的影响，结果显示，宗教信仰的影响不显著，除此之外，其他 6 个变量均在 0.05 的水平上具有统计学意义上的显著性（表 5-7）。

表 5-7　社会制度因素变量的显著性检测

项　目	模型适用准则	概似比测试		
	降阶模型的－2 对数概似值	卡方	df	显著性
截距	249.537[a]	0.000	0	
地区	324.358	74.821	3	0.000
主观体态	321.569	72.031	9	0.000
有无特意增高	265.227	15.690	3	0.001
最关注的健康问题	653.844	61.154	24	0.000
有无减肥	256.230	6.693	3	0.032
宗教信仰	728.764[b]	4.465	3	0.215
媒体影响	808.227	132.973	27	0.000
－2 对数概似值		675.254		
卡方值		390.088		

　　在未控制其他因素的情况下，社会制度变量中，地区并不显著，这可能是因为对所调研的北京市来说，城市与郊县在初中学生的供餐制度设计上，具有一致的制度规范（表 5-8）。除此之外，主观体态也对是否进入组群 1 不具有显著性影响。对初中学生是否进入组群 1 具有统计学意义上的显著性影响的变量中，有过增高经历能够起到推动作用的概率为 0.192；最关注的食物功能中，增高与发展智力具有推动作用，而减肥具有抑制作用，也即有过减肥经历的初中学生，大概率不会进入该组群。媒体影响中食物营养功能具有概率为 0.540 的推动作用，就餐地点与食物种类的推

动概率分别为 0.205 与 0.292。

表 5-8 社会制度因素对组群食物消费特征模式影响的 Logistic
回归分析结果（以组群 4 为参照）

变项名称	组群 1	组群 2	组群 3
地区			
［地区＝1.00］	0.400	0.693	0.871
［地区＝2.00］			
主观体态			
消瘦	0.942	0.035	0.432
正常	0.288	0.032***	0.384
超重	0.383	0.269***	0.447
肥胖			
有无增高			
有	0.192***	0.008（—）***	0.291***
无			
最关注的功能			
饱腹	0.425***	0.048***	0.384***
美容养颜	0.012	0.604***	0.009***
增高	0.702***	0.434***	0.255***
减肥	0.151（—）***	0.304***	0.137***
智力	0.417***	0.289***	0.342***
其他			
有无减肥			
有	0.644（—）***	0.519***	0.278***
无			
媒体影响			
食物营养功能	0.540***	0.424***	0.184***
就餐地点	0.205***	0.216***	0.012***
食物种类	0.292***	0.253***	0.202***
其他			

除地区变量之外的所有变量均对初中学生是否进入组群 2 有统计学意义上的显著性影响。主观体态中的正常与超重具有促进作用，促进概率分别为 0.032 与 0.269，由此可见，主观体态越是偏重，进入组群 2 的可能性越大。有过增高经历对进入组群 2 有轻微的抑制作用，即想要增高的初中学生一般不会进入该组群。对食物美容养颜、增高、减肥与发展智力功能的关注，均有助于促进学生进入组群 2，其中美容养颜的促进概率最大，为 0.604，其次是增高与减肥功能。媒体影响中食物营养的作用最大，其次是食物种类与就餐地点，影响概率分别为 0.424、0.253 与 0.216。

对组群 3 不具有显著性影响的变量除了地区之外，主观体态也不具有统计学意义上的显著性。有关增高经历对进入组群 3 有 0.291 概率的促进作用，对食物功能的关注中，发展智力最能够促进进入该群体，概率为 0.342。其次是增高与减肥，分别为 0.255 与 0.137，美容养颜也具有促进作用，但效果较弱，概率为 0.009。食物的饱腹功能对各个组群均不具有显著性影响，由此也可以看出，提供能量仍然是初中学生最看重的食物营养功能之一，特别是对组群 1 与组群 3。媒体影响主要是从食物种类与食物营养功能方面促进初中学生进入组群 3，其概率分别为 0.202 与 0.184。就餐地点方面的咨询对推动初中学生进入该组群发挥概率为 0.012 的作用。

通过资源环境因素分析，在初中学生的食物消费模式进入不同组群的预测中，对 4 个组群预测的总体正确率为 83.9%。

五、各组群的影响因素分布

根据 Logistic 回归分析结果，将在多数模式中具有显著性影响的变量分布进行整理，结果见表 5 - 9。总体来看，无论是分性别还是分地区，北京市初中学生进入传统型食物消费模式群的比例最高，达到70%以上，可见传统型食物消费模式仍是当前北京市初中学生食物消费模式的主流。在性别上，女生进入节制型食物消费模式组群的比例高于男生，而传统型食物消费模式组群中，男生的比例则高于女生。在地区方面，城市的初中学生进入节制型食物模式组群的比例是郊县学生的4倍左右，但郊县初中学生进入限制型食物消费模式组群的比例则是城市的大约2倍，另外，郊县初中学生进入补充型食物消费模式组群的比例也高于城市。

在自身体态有没有影响初中学生的食物消费模式上，主观体态比客观体态具有更强的影响作用。客观体态超重与肥胖的初中学生中，有34.1%进入节制型食物消费模式，而主观体态超重与肥胖的则有43.7%选择节制型食物消费模式。

选择限制型食物消费模式的学生中，父母受教育水平多为高中同等水平及其以下，父亲受教育程度处于该水平的初中生中，有15.5%的学生选择限制型食物消费模式，但本科及研究生水平的子女，仅有1.9%选择限制型饮食模式。这种现象同样体现在母亲受教育程度的影响中，教育程度在高中同等水平及以下的母亲的子女中，有20.5%选择限制型食物消费模式，而母亲受教育程度为本科及其以上的子女中，仅有5.7%选择限制型食物消费模式。对节制型食物消费模式的选择与限制型食物消费模式大致相反，随着父母受教育程度的提高而增加，父亲受教育水平为研究生时，选择节制型食物消费模式的占比最高，为20.4%，母亲为研究生时，选择该食物消费模式的占22.0%。

家庭收入水平对其初中生子女选择什么样的食物消费模式，作用机制是较为复杂的。数据显示，家庭收入在20万元以下的，选择限制型食物消费模式的比例最高，为11.5%；随着收入的增高，选择该消费模式的比例有所下降，家庭收入在 61 万～100 万元时，选择限制型食物消费模式的比例最小，仅 2.9%；而当收入继续提高时，选择这种食物消费模式的比例又会有所增加。家庭收入在 200 万元以上时，其子女选择节制型食物消费模式的比例最高，为 27.1%，占比第二的是家庭收入为 61 万～100 万元的子女，比例为 11.9%。

表 5-9　各组群的影响因素分布情况（%）

变量		限制型食物消费模式组群	节制型食物消费模式组群	传统型食物消费模式组群	补充型食物消费模式组群
性别	女生	8.3	14.4	77.1	0.2
	男生	7.0	5.5	87.2	0.3
地区	郊县	9.7	3.9	86.0	0.4
	城市	4.9	16.3	78.8	0.0
客观体态	消瘦	7.0	14.8	77.4	0.9
	正常	8.2	5.1	86.5	0.1
	超重	5.4	16.7	77.4	0.6
	肥胖	7.5	17.4	75.2	0.0
主观体态	消瘦	14.1	2.0	83.9	0.0
	正常	7.2	3.3	89.2	0.3
	超重	5.3	20.6	73.7	0.3
	肥胖	7.7	23.1	69.2	0.0
父亲受教育程度	高中以下	11.8	6.2	81.5	0.5
	高中及同等	13.7	3.0	83.0	0.4
	本科及同等	1.5	10.4	88.1	0.0
	研究生	0.4	20.4	79.2	0.0
母亲受教育程度	高中以下	11.3	6.4	81.8	0.4
	高中及同等	9.2	3.2	87.3	0.4
	本科及同等	4.5	11.4	84.0	0.0
	研究生	1.2	22.0	76.8	0.0

（续）

变 量		限制型食物 消费模式组群	节制型食物 消费模式组群	传统型食物 消费模式组群	补充型食物 消费模式组群
家庭收入	20 万元以下	11.5	5.1	76.1	0.4
	20 万~60 万元	5.1	1.9	89.5	0.2
	61 万~100 万元	2.9	11.9	95.2	0.0
	101 万~200 万元	5.7	3.4	90.8	0.0
	200 万元以上	4.2	27.1	68.8	0.0

第六章　总结与讨论

一、研究结论

本研究旨在了解北京市初中学生的食物消费形态，并探讨影响初中学生食物消费模式选择的主要因素。对调研数据的整理分析得出如下结论：

第一，北京市初中学生全食物消费总量处于适当水平，正餐食物消费量为该年龄阶段推荐量中数的 81.3% 左右，零食仍是必要的食物补充。

北京市初中学生全食物消费调研数据显示，北京市初中学生每天正餐食物消费总量平均为 1 582.74 克，最高为 2 843 克；餐食时长平均为 37 分钟，最长用时为 55 分钟。餐食消费食物种类平均为 15.5 种，最高为 24 种。正餐食物消费量的平均值落在《中国居民膳食指南（2016）》中对平均人的推荐食物消费总量的阈限中，但低于根据膳食指南原则估算出的儿童青少年的食物消费推荐量，为最低标准的 97%，最高标准的 70%，但鉴于这个年龄段零食仍作为食物消费的重要补充，若考虑零食消费一般为全食物消费量

20%～25%的状况，北京市初中学生的食物消费总量不低于《中国居民膳食指南（2016）》建议的消费量。

第二，三餐食物消费量结构较为合理，植物性食物与动物性食物的消费占比呈现1∶2结构。

北京市初中学生正餐消费中，谷薯类食物占比最高，约为五分之二，其次是蔬菜，约为五分之一，奶类消费位列第三，占比11.4%。包括肉类、水产、蛋类、奶类在内的动物性食品占比33.5%，谷类、蔬菜、水果、豆类与坚果等植物性食品的占比66.5%。植物性食物与动物性食物的消费占比大致是1∶2的结构。这与"中国居民膳食餐盘"中，谷薯类食物占25%，蔬菜占35%，水果和坚果占25%，动物性食物占比与大豆占15%的推荐有一定的距离，谷薯类与动物性食品占比高，而水果与蔬菜占比还需大幅度提高。

第三，北京市初中学生主要遵循传统食物消费模式，鼓励型食物消费模式在社会经济地位较高的学生中得到实践。

运用因子分析，通过对北京市初中学生各类食物消费比例进行降维处理，得到4个食物消费模式：限制型食物消费模式、鼓励型食物消费模式、传统型食物消费模式与补充型食物消费模式。限制型食物消费模式对快餐类食物与小吃类食物消费占比较高，鼓励型食物消费模式以对蛋类、奶类与水果类为主要消费的食物类型；传统型食物消费模式是指主要由谷薯类、蔬菜类和肉类组成的传统型饮食模式；补充型食物消费模式主要由零食类与其他食物类组成。

第四，八成学生为"饭＋菜"传统型食物消费组群，节制型食物消费组群的食物消费结构有待改善。

根据北京市初中学生消费各种食物的量在其食物消费总量中的占比情况，对学生进行个案聚类，将学生依其食物消费占比样态聚集为四个类型，分别为限制型食物消费组群、节制型食物消费组群、传统型食物消费组群与补充型食物消费组群。限制型食物消费组群在小吃类与快餐类食物消费占比上得分较高；节制型食物消费组群在奶类与水果类食物消费占比上的得分高于其他组群，在蛋类消费占比上低于传统型食物消费组群，该群体意识到食物中的营养过剩，但对含有优质蛋白的食物消费不足，食物结构有待改善；在谷薯类和肉类消费占比的得分上，传统型食物消费组群的得分具有优势，在其他类食物的消费占比上，补充型食物消费组群得分高于其他组群，但在零食类食物消费占比上的得分优势不明显。

第五，社会经济地位因素是影响北京市初中学生食物消费模式的主要变量，个人特征因素也具有显著影响。

研究指出，与男生相比，女生更可能进入节制型饮食组群，食物消费模式倾向于鼓励型食物消费模式。与城区学生相比，郊县学生可能进入限制型饮食组群，食物消费模式倾向于限制型食物消费模式。主观体态认知比客观体态对初中学生食物消费选择具有更强的影响力。父母受教育水平的增加能够促进子女食物消费模式向健康的方向发展。家庭收入对子女食物消费模式选择的影响并非单纯的线性关系。社会制度因素对食物消费模式选择的影响不显著。

二、研究限制与建议

食物消费数据测量限制上，本研究所采用的食物消费量与各类食物消费占比问卷要求调研对象于每天晚上记录一天消费食物的种类、名称与分量，由于食物消费行为的随机性，调研对象对食物消费的回忆常常影响数据的准确性，而且，对食物分量的估算需要专业极强的技术，这也使得对食物消费量的估算存在一定的系统误差。为了修正补充分量估计上的偏差，本研究增加了各类食物消费量占比变量。

研究方法上，本研究属于横断面的调查研究，在研究中的各变量，除了少数与生俱来的先天性因素之外，无法确立因素之间发生的时序性，因此只能说明变量之间的相关关系，对于因果关系，只能参考以往的研究文献，或根据田野调研得来的经验材料来推断，没有来自数据证实的凿凿说服力。

统计模型上，在该研究中对数据的处理主要运用的是因子分析、集群分析与 Logistic 回归。对于因子数目的选取、转轴方法的选择、聚类组群的决定等，由于在食物消费模式研究上没有统一的模式，因而只能依赖研究者本人的田野调研感性认识与经验材料，以及个人的主观判断，在一定程度上有失偏颇。

未来研究中，希望能发展完整统一的，包含所有食物分类的食物消费认知调查方法与食物消费量的数据收集工具，以求获得全面的、准确的食物消费数据，并能发展出统一的食物消费形态测量方式，以便在不同时间、不同地点对不同人的食物消费模式进行研究，并采集历时性数据，从而打破时间、地域与文化水平等的限制，从而对食物消费模式进行地域差异、人群差异研究，并追踪长时期的食物消费脉络与发展趋势。

其次，对北京市初中学生食物消费模式选择的影响因素，宏观的社会制度安排具有重要的作用，但在本研究中，并未控制政府政策、学校制度等方面的变量，这一空间，也有待后来的研究进一步探讨，以确立各制度因素与食物消费模式的相关关系与影响方向，为引导初中学生建立健康可持续的食物消费模式，推动健康中国建设提供政策建议与智力支持。

图书在版编目（CIP）数据

北京市初中学生食物消费模式研究 / 王秀丽著. —
北京：中国农业出版社，2022.4
（膳食模式研究丛书）
ISBN 978-7-109-29217-8

Ⅰ.①北…　Ⅱ.①王…　Ⅲ.①初中生－食物－消费模
式－研究－北京　Ⅳ.①F126.1②G635.5

中国版本图书馆 CIP 数据核字（2022）第 040813 号

中国农业出版社出版
地址：北京市朝阳区麦子店街 18 号楼
邮编：100125
责任编辑：郑　君
版式设计：杨　婧　责任校对：刘丽香
印刷：北京中兴印刷有限公司
版次：2022 年 4 月第 1 版
印次：2022 年 4 月北京第 1 次印刷
发行：新华书店北京发行所
开本：700mm×1000mm　1/16
印张：6.75
字数：100 千字
定价：68.00 元